Levez-vous !
Allons !

Du même auteur

*Entrez dans l'Espérance*, Plon, 1994, Pocket, 2003.

JEAN-PAUL II

# Levez-vous !
# Allons !

Traduction
François DONZY
Pierre-Marie VARENNES

ÉDITIONS FRANCE LOISIRS

Titre original
*Alzatevi, andiamo !*

Édition du Club France Loisirs,
avec l'autorisation des Éditions Plon et Mame.

Éditions France Loisirs,
123, boulevard de Grenelle, Paris.
www.franceloisirs.com

ISBN : 2-7441-7442-4

# Introduction

Quand fut publié le livre *Ma vocation : don et mystère*, qui contient des souvenirs et des réflexions sur les débuts de mon sacerdoce, j'ai reçu de nombreux témoignages sur l'accueil chaleureux qu'il avait reçu, surtout de la part de jeunes. D'après ce que l'on m'a dit, pour beaucoup d'entre eux, ce complément personnel de l'Exhortation apostolique *Pastores dabo vobis* (*Je vous donnerai des pasteurs*) s'est avéré une aide précieuse pour se livrer à un juste discernement sur leur vocation. Cela m'a beaucoup réjoui. Puisse le Christ continuer à se servir de ces réflexions pour amener d'autres jeunes à entendre son invitation : « *Venez derrière moi. Je ferai de vous des pêcheurs d'hommes* » (*Mc* 1, 17).

A l'occasion du quarante-cinquième anniversaire de mon ordination épiscopale et du vingt-cinquième anniversaire de mon pontificat, il m'a été demandé de mettre par écrit la suite de ces souvenirs à partir de 1958, année où je suis devenu évêque. J'ai cru devoir accueillir cette invitation, comme j'avais accueilli la suggestion qui a donné naissance au livre précédent. Une raison de plus pour regrouper et remettre en ordre ces souvenirs et ces réflexions, m'a été donnée par la maturation progressive d'un document consacré au ministère épiscopal : l'Exhortation apostolique *Pastores gregis*, dans laquelle j'ai exposé synthétiquement les idées exprimées au cours de la X^e Assemblée générale ordinaire du synode des évêques, qui s'est déroulée pendant le grand jubilé de l'an 2000. Ayant écouté les interventions des pères synodaux dans l'*aula*, puis m'étant saisi du texte des propositions qu'ils m'avaient présentées, je sentais se réveiller en moi de nombreux souvenirs, aussi bien des années où j'ai été chargé de servir l'Eglise à Cracovie que de celles que j'ai vécues, à travers de nouvelles expériences, à Rome, comme successeur de Pierre. J'ai essayé de mettre par écrit ces pensées avec le désir de partager aussi avec d'autres le témoignage de l'amour du Christ qui, à travers les siècles, appelle toujours de nouveaux successeurs des apôtres pour répandre sa grâce dans le cœur d'autres frères, par l'intermédiaire de vases fragiles. Mes souvenirs étaient sans cesse habités par des paroles adressées par Paul au jeune évêque Timothée : « *Dieu nous a sauvés, et il nous a donné une vocation sainte, non pas à cause de nos propres actes, mais à cause de son projet à lui et de sa grâce Cette grâce nous avait été donnée par le Christ Jésus avant tous les siècles »* (2 Tm 1, 9).

J'offre ces pages comme signe d'amour envers mes frères dans l'épiscopat et envers tout le peuple de Dieu. Puissent-elles éclairer tous ceux qui désirent connaître la grandeur du ministère épiscopal et la peine qu'il comporte, mais aussi la joie qui l'accompagne dans son accomplissement quotidien !

J'invite tous les lecteurs à élever avec moi un *Te Deum* de louange et d'action de grâce. Les yeux fixés sur le Christ, soutenus par l'espérance qui ne déçoit pas, marchons ensemble sur les chemins du nouveau millénaire : *« Levez-vous ! Allons ! »* (Mc 14, 42.)

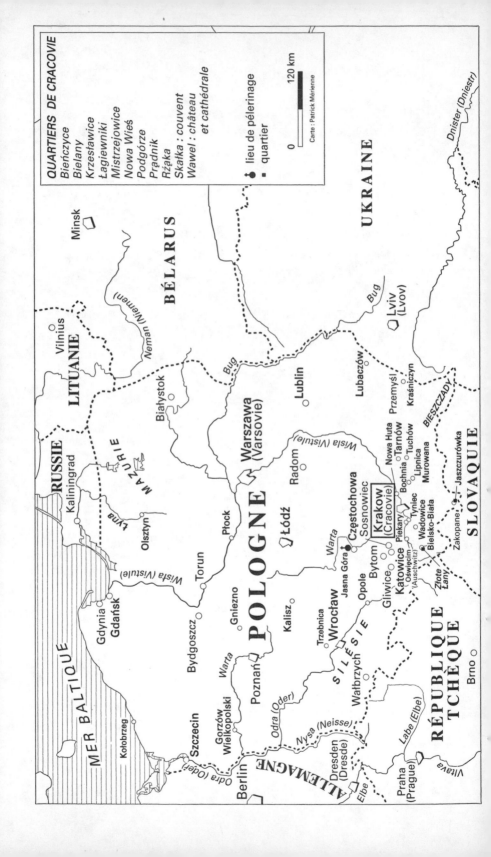

QUARTIERS DE CRACOVIE
Bieńczyce
Bielany
Krzesławice
Łagiewniki
Mistrzejowice
Nowa Wieś
Podgórze
Prądnik
Rżąka
Skałka : couvent
Wawel : château
        et cathédrale

♦ lieu de pèlerinage
■ quartier

0          120 km

MER BALTIQUE
RUSSIE
Kaliningrad
Kołobrzeg
Szczecin
Gdynia
Gdańsk
ALLEMAGNE
Berlin
Dresden (Dresde)
Gorzów Wielkopolski
Poznań
Bydgoszcz
Gniezno
Kalisz
Wrocław
Trzebnica
Opole
Wałbrzych
Nysa (Neisse)
Odra (Oder)
Elbe
Labe (Elbe)
Vltava
Praha (Prague)
RÉPUBLIQUE TCHÈQUE
Brno
SILÉSIE
Gliwice
Bytom
Katowice
Sosnowiec
Jasna Góra
Oświęcim (Auschwitz)
Złote Łany
Bielsko-Biała
Wadowice
Zakopane
SLOVAQUIE
BIESZCZADY
Jaszczurówka
Lipnica Murowana
Tuchów
Bochnia
Tarnów
Nowa Huta
Piekary
Tyniec
Kraków (Cracovie)
Częstochowa
Warta
Łódź
Radom
Płock
Toruń
Wisła (Vistule)
Olsztyn
Łyna
MAZURIE
Białystok
Bug
Warszawa (Varsovie)
Wisła (Vistule)
Lublin
Lubaczów
Kraśniczyn
Przemyśl
Lviv (Lvov)
Bug
UKRAINE
Dnister (Dniestr)
POLOGNE
BÉLARUS
Minsk
Neman (Niemen)
LITUANIE
Vilnius
RUSSIE

PREMIÈRE PARTIE

# LA VOCATION

*« Ce n'est pas vous qui m'avez choisi,
c'est moi qui vous ai choisis »* (*Jn* 15, 16)

*La source de ma vocation*

Je cherche la source de ma vocation. Elle palpite là, au cénacle de Jérusalem. Je rends grâce à Dieu parce que, durant le grand jubilé de l'an 2000, il m'a été donné de prier précisément dans cette *salle, à l'étage* (cf. *Mc* 14, 15) où se déroula la dernière cène. Maintenant encore, je reviens par la pensée à ce mémorable jeudi, lorsque le Christ, *ayant aimé les siens jusqu'au bout* (cf. *Jn* 13, 1), institua les apôtres prêtres de la nouvelle alliance. Je le vois tandis qu'il se penche aussi devant chacun de nous, successeurs des apôtres, pour nous laver les pieds. Et j'entends comme si elles m'étaient adressées, comme si elles nous étaient adressées, ces paroles : « *Comprenez-vous ce que je viens de faire ? Vous m'appelez "Maître" et "Seigneur", et vous avez raison, car vraiment je le suis. Si donc, moi le Seigneur et le Maître, je vous ai lavé les pieds, vous aussi vous devez vous laver les pieds les uns aux autres. C'est un exemple que je vous ai donné*

13

*afin que vous fassiez, vous aussi, comme j'ai fait pour vous »* (*Jn* 13, 12-15).

Avec Pierre, André, Jacques, Jean, écoutons encore : *« Comme le Père m'a aimé, moi aussi je vous ai aimés. Demeurez dans mon amour. Si vous êtes fidèles à mes commandements, vous demeure-rez dans mon amour, comme moi, j'ai gardé fidè-lement les commandements de mon Père, et je demeure dans son amour. Je vous ai dit cela pour que ma joie soit en vous, et que vous soyez comblés de joie. Mon commandement, le voici : aimez-vous les uns les autres comme je vous ai aimés. Il n'y a pas de plus grand amour que de donner sa vie pour ses amis. Vous êtes mes amis si vous faites ce que je vous commande »* (*Jn* 15, 9-14).

Le *mysterium caritatis* de notre vocation n'est-il pas inclus dans ces paroles ? Dans les mots pro-noncés par le Christ *à l'heure pour laquelle il était venu* (cf. *Jn* 12, 27) se trouve la racine de toute vocation dans l'Eglise. De ces paroles coule la sève qui nourrit toute vocation, celle des apôtres et de leurs successeurs comme aussi celle de tout homme, car le Fils veut être « ami » de chacun : c'est bien pour tous qu'il a donné sa vie. On trouve dans ces paroles tout ce qu'il y a de plus important, de plus précieux, de plus sacré : l'amour du Père et l'amour du Christ pour nous, sa joie et notre joie, de même que notre amitié et notre fidélité, dont témoigne l'accomplissement des commandements. Dans ces paroles est renfermé aussi le but, le sens de notre vocation, qui est de *partir et de porter du fruit, afin que notre fruit demeure* (cf. *Jn* 15, 16).

En définitive, l'amour est le lien qui unit tout : il unit de manière substantielle les Personnes divines, il unit aussi, bien que sur un plan très différent, les personnes humaines et leurs multiples vocations. Nous avons confié notre vie au Christ, qui nous a aimés le premier et qui, comme bon Pasteur, a sacrifié sa vie pour nous.

Les apôtres du Christ ont entendu ces paroles et se les sont appliquées à eux-mêmes, reconnaissant en elles un appel personnel. De même, nous aussi, leurs successeurs, pasteurs de l'Eglise du Christ, nous ne pouvons pas ne pas nous sentir engagés à répondre les premiers à cet amour, dans la fidélité, dans l'accomplissement des commandements et dans le don quotidien de notre vie pour les amis de notre Seigneur.

*« Le bon pasteur offre sa vie pour ses brebis »* (*Jn* 10, 11). Dans l'homélie que j'ai prononcée sur la place Saint-Pierre le 16 octobre 2003, à l'occasion du vingt-cinquième anniversaire de mon pontificat, j'ai dit à ce sujet : « Lorsque Jésus prononçait ces paroles, les apôtres ne savaient pas qu'il parlait de lui-même. Même Jean, l'apôtre bien-aimé, ne le savait pas. Il le comprit sur le Calvaire, au pied de la Croix, en le voyant offrir silencieusement sa vie pour "ses brebis". Quand vint pour lui et pour les autres apôtres le temps d'assumer cette même mission, alors ils se souvin-

rent de ses paroles. Ils se rendirent compte que, seulement parce que Jésus avait assuré que ce serait lui-même qui agirait par leur intermédiaire, ils seraient en mesure de mener la mission jusqu'à son achèvement » (n. 2 : *La Documentation catholique* 100 [2003], p. 953).

« *Ce n'est pas vous qui m'avez choisi, c'est moi qui vous ai choisis et établis, afin que vous partiez, que vous donniez du fruit, et que votre fruit demeure* » (*Jn* 15, 16). Ce n'est pas vous, c'est moi ! dit le Christ. Voilà le fondement de l'efficacité de la mission pastorale de l'évêque.

## L'appel

C'était en 1958. Avec un groupe de passionnés de canoë, je me trouvais dans le train en direction d'Olsztyn\*. Nous allions commencer les vacances selon le programme qui était le nôtre depuis 1953, nous en passions une partie en montagne, la plupart du temps dans les Bieszczady\*, et une autre partie aux lacs de Mazurie\*. Notre but était le fleuve Łyna\*. C'est pour cela que nous nous trouvions dans le train d'Olsztyn ; c'était en juillet. M'adressant à celui qui faisait fonction d'« amiral » – si je me souviens bien, c'était alors Zdzisław Heydel –, je lui dis :

— Zdzisław, d'ici peu je devrai quitter le canoë parce que le primat m'a appelé (après la mort, en

---

\* Les astérisques renvoient aux notes p. 187

1948, du cardinal August Hlond, le primat était le cardinal Stefan Wyszyński) et je dois me présenter à lui.

L'« amiral » me répondit :

— D'accord, je m'en occupe.

C'est ainsi que, le jour venu, nous avons quitté le groupe pour rejoindre la gare ferroviaire la plus proche, Olsztynek*.

Sachant que je devrais me présenter au Cardinal Primat, au cours de la traversée sur la Łyna, j'avais laissé, en prévision, chez des personnes que je connaissais à Varsovie, ma soutane des jours de fête. En effet, il aurait été difficile d'aller chez le primat avec la soutane que j'avais avec moi pendant les expéditions en canoë (dans les excursions j'avais toujours avec moi une soutane et les ornements pour célébrer la messe).

Je me rendis donc, d'abord sur la rivière en canoë puis sur un camion chargé de sacs de farine, jusqu'à Olsztynek. Le train pour Varsovie partait tard dans la nuit. Aussi avais-je pris avec moi mon duvet, pensant piquer un petit somme à la gare en attendant le train : j'avais demandé à quelqu'un de me réveiller. Mais cela ne fut pas nécessaire, car je n'ai pas fermé l'œil.

A Varsovie, je me présentai à l'archevêché, rue Miodowa, à l'heure convenue. Je constatai à l'évêché que trois autres prêtres avaient été convoqués avec moi : l'abbé Wilhelm Pluta, de la Silésie*, le curé de Bochnia dans le diocèse de Tarnów*, l'abbé Michał Blecharczyk, et l'abbé

Józef Drzazga, de Lublin. Sur le moment, je ne me rendis pas compte de la coïncidence. Ce n'est que plus tard que je compris que nous avions été convoqués pour le même motif.

Entré dans le bureau du primat, le cardinal Stefan Wyszyński, j'appris par lui que le Saint-Père m'avait nommé évêque auxiliaire de l'archevêque de Cracovie. En effet, en février de cette même année (1958) était mort Mgr Stanisław Rospond. Durant de nombreuses années, ce dernier avait été auxiliaire à Cracovie, au temps où l'ordinaire de l'archidiocèse était le prince métropolitain cardinal Adam Sapieha.

En attendant les paroles du primat qui m'annonçaient la décision du siège apostolique, je répondis :

— Eminence, je suis trop jeune : j'ai à peine trente-huit ans !

Mais le primat répliqua :

— C'est une faiblesse dont vous vous libérerez bien vite ! Je vous prie de ne pas vous opposer à la volonté du Saint-Père.

Je dis alors un seul mot ·

— J'accepte

— Alors allons déjeuner, conclut le primat.

Le cardinal Stefan Wyszyński nous avait invités tous les quatre à déjeuner. J'appris ainsi que l'abbé Wilhelm Pluta avait été nommé évêque de Gorzów Wielkopolski, qui était alors la plus grande administration apostolique en Pologne. Elle comprenait Szczecin et Kołobrzeg, c'est-à-dire un des plus anciens diocèses ; en effet Kołobrzeg avait été érigé en l'an 1000, en même temps que le siège métropolitain de Gniezno dont dépendaient, en plus de Kołobrzeg, Cracovie et Wrocław*. L'abbé Józef Drzazga avait été nommé évêque auxiliaire à Lublin (plus tard il passa à Olsztyn), et l'abbé Michał Blecharczyk à Tarnów*, comme évêque auxiliaire lui aussi.

Après cette audience, si importante pour ma vie, je me rendis compte que je ne pouvais retourner tout de suite auprès de mes amis et de mon canoë ; je devais d'abord me rendre à Cracovie pour informer l'archevêque Mgr Eugeniusz Baziak, mon ordinaire. En attendant le train de nuit qui devait me conduire à Cracovie, j'ai prié durant des heures dans la chapelle des sœurs ursulines à Varsovie, rue Wiślana.

L'archevêque Eugeniusz Baziak, métropolitain de Lvov* de rite latin, avait partagé la destinée de tous ceux que l'on appelait les réfugiés : il avait dû quitter Lvov. Il s'était alors établi à Lubaczów*, petite partie du diocèse de Lvov qui, après les décisions de Yalta, s'était retrouvée rattachée à la République populaire de Pologne. L'année qui a précédé sa mort, le prince Adam Sapieha, archevêque de Cracovie, avait demandé que l'archevêque Baziak, contraint d'abandonner son archidiocèse, devienne son coadjuteur. Ainsi mon épiscopat se relie chronologiquement à la personne de ce prélat si éprouvé.

Le lendemain, arrivé à Cracovie, je me présentai à Mgr Eugeniusz Baziak, au 3, rue Francisz-

kańska, et je lui remis la lettre du cardinal primat.
Je me rappelle comme si c'était aujourd'hui que
l'archevêque me prit par le bras et me conduisit
dans le salon d'attente, où quelques prêtres étaient
assis ; il s'exclama alors :

— *Habemus papam !*

A la lumière des événements qui ont suivi,
on pourrait dire que ce furent des paroles
prophétiques.

Je confiai à l'archevêque que je désirais retourner en Mazurie pour retrouver le groupe d'amis
qui naviguaient sur la Łyna. Il me répondit :

— Cela, désormais, ne convient peut-être plus !

Plutôt attristé par cette réponse, j'allai dans
l'église des franciscains et je fis un chemin de
croix, contemplant les stations peintes par Józef
Mehoffer. Je me rendais volontiers dans cette
église pour le chemin de croix parce que j'aimais
ces stations originales, modernes. Après quoi, je
retournai chez Mgr Baziak, renouvelant ma
demande. Je lui dis :

— Je comprends votre préoccupation, Excellence. Mais je vous demande tout de même de me
permettre de retourner en Mazurie.

Cette fois-là il répondit .

— Oui, oui, allez-y donc. Toutefois je vous
prie – ajouta-t-il avec un sourire – de revenir pour
la consécration.

Le soir même, je repris donc le train pour Olsztyn. J'avais emporté le livre d'Hemingway *Le
Vieil Homme et la mer*. Je le lus presque toute

la nuit, ne réussissant à m'assoupir que quelques instants. Je me sentais plutôt habité par un sentiment étrange...

Quand j'arrivai à Olsztyn, je retrouvai mes amis du groupe qui y étaient arrivés en naviguant avec le canoë sur le cours de la Łyna. L'« amiral » vint me chercher à la gare et me dit :

— Alors, oncle, ils vous ont fait évêque ?

Je lui répondis que oui. Et lui d'ajouter :

— C'est bien ça... Dans mon cœur j'imaginais exactement cela et je vous le souhaitais.

Effectivement, peu de temps auparavant, lors de la célébration du dixième anniversaire de mon ordination sacerdotale, tel avait été son souhait. Le jour de ma nomination comme évêque, j'avais un peu moins de douze ans de sacerdoce.

J'avais peu dormi et à mon arrivée j'étais donc fatigué. Toutefois, avant d'aller me reposer, je suis allé à l'église célébrer la messe. L'église était administrée par l'aumônier de l'Université, qui était alors l'abbé Ignacy Tokarczuk, futur évêque. Après quoi, je pus enfin m'abandonner au sommeil.

A mon réveil, je me rendis compte que la nouvelle de ma nomination s'était répandue, car l'abbé Tokarczuk m'apostropha par ces paroles :

— Eh bien, nouvel évêque, félicitations !

J'ai souri, puis je suis parti pour rejoindre le groupe de mes amis. J'ai récupéré mon canoë ; mais quand je me suis mis à pagayer, de nouveau, un sentiment un peu étrange m'envahit. La coïncidence des dates m'avait frappé : la nomination m'avait été notifiée le 4 juillet, et c'était la date de la consécration de la cathédrale du Wawel*. C'est un anniversaire qui a toujours eu un grand écho dans mon esprit. Il me semblait que cette coïncidence voulait dire quelque chose. Je pensais que c'était peut-être la dernière fois que je pouvais faire du canoë. En réalité, je dois ajouter que bien souvent j'ai pu encore naviguer, reprenant des forces en canoë sur les eaux des rivières et des lacs de Mazurie. Pratiquement, il en fut ainsi jusqu'en 1978.

## Successeur des apôtres

Après les vacances estivales, je retournai à Cracovie ; commencèrent alors les préparatifs pour la consécration, fixée au 28 septembre, fête de saint Venceslas, patron de la cathédrale du Wawel. La dédicace de l'église historique à saint Venceslas met en lumière les liens antiques de la terre polonaise avec la Bohême. Saint Venceslas était en effet un duc de Bohême, qui tomba, martyr, sous la main de son frère. La Bohême aussi le vénère comme saint patron.

Ma retraite constitua une etape fondamentale dans ma préparation à l'ordination épiscopale. Je la fis à Tyniec*. Je me rendais souvent dans cette abbaye historique. Cette fois-là, ce fut un séjour particulièrement important pour moi. J'allais devenir évêque, et d'ores et déjà, j'étais nommé. Mais il y avait encore pas mal de temps avant l'ordination, plus de deux mois. Je devais les employer au mieux.

Ma retraite dura six jours – six jours de médiations. Mon Dieu, quelle abondance et quelle qualité de contenu ! « Successeur des apôtres », ce sont précisément ces mots que j'avais entendus ces jours-là, sur les lèvres d'un physicien que je connaissais. Evidemment, ceux qui croient accordent une importance particulière à cette succession apostolique. Moi – un « successeur » –, je pensais avec beaucoup d'humilité aux apôtres du Christ et à cette longue et ininterrompue chaîne d'évêques qui, par l'imposition des mains, avaient transmis à leurs successeurs la participation à la charge apostolique. Maintenant ils devraient me la transmettre à moi aussi. Je me sentais personnellement lié à chacun d'eux.

Certains de ceux qui, dans la chaîne de la succession, nous ont précédés, nous évêques d'aujourd'hui, nous les connaissons par leurs noms. Beaucoup d'entre eux sont connus, parce que même leurs œuvres pastorales sont mémorables. Mais même dans le cas des évêques d'autrefois, qui nous sont maintenant inconnus, on peut dire que leur vocation épiscopale et leur œuvre durent toujours *et que votre fruit demeure* (cf. *Jn* 15, 16). Cela se réalise grâce à nous aussi, leurs successeurs, qui précisément par leurs mains, en vertu de l'efficacité du sacrement, sommes ainsi reliés au Christ, lui qui les a et nous a choisis *« avant la création du monde »* (*Ep* 1, 4). Admirable don et mystère !

*« Ecce sacerdos magnus, qui in diebus suis placuit Deo... Ideo iureiurando fecit illum Dominus crescere in plebem suam\* »*, chante-t-on dans la liturgie. Ce prêtre suprême et unique de l'alliance nouvelle et éternelle, c'est Jésus Christ lui-même. Il offrit le sacrifice de son sacerdoce en mourant sur la Croix et en donnant sa vie pour son troupeau, pour toute l'humanité. C'est lui qui, la veille du sacrifice sanglant offert sur la Croix, institua, au cours de la dernière cène, le sacrement du sacerdoce. C'est lui qui prit dans ses mains le pain et qui prononça sur lui ces mots : *« Ceci est mon corps livré pour vous. »* C'est lui qui prit ensuite entre ses mains la coupe remplie de vin et qui prononça sur elle ces mots : *« Ceci est la coupe de mon sang, le sang de l'alliance nouvelle et éternelle, qui sera versé pour vous et pour la multitude, en rémission des péchés. »* Et à la fin il ajouta : *« Vous ferez cela en mémoire de moi. »* Il dit ceci devant les apôtres, devant les Douze, dont le premier était Pierre. Il leur dit : *« Vous ferez cela en mémoire de moi. »* C'est ainsi qu'il les institua prêtres à sa ressemblance à lui, Prêtre unique et suprême de la nouvelle alliance.

Peut-être les apôtres, qui prirent part à la dernière cène, ne comprirent-ils pas immédiatement toute la signification de ces paroles qui devaient s'accomplir le lendemain, quand le corps du Christ fut livré effectivement à la mort et son sang versé dans le supplice de la Croix. Peut-être, sur le moment, comprirent-ils seulement qu'ils devraient refaire le rite de la cène avec le pain et le vin. En effet, les Actes des Apôtres rapportent que, après les événements de Pâques, les premiers chrétiens étaient fidèles *à rompre le pain et à participer aux prières* (cf. 2, 42). Mais à ce moment-là le sens du rite était désormais bien clair pour tous.

Selon la liturgie de l'Eglise, le jeudi saint est le jour mémorial de la dernière cène, de l'institution de l'eucharistie. Du cénacle de Jérusalem, la célébration de l'eucharistie se diffusa progressivement dans tout le monde d'alors. C'étaient tout d'abord les apôtres qui la présidaient à Jérusalem. Ultérieurement, à mesure que l'Evangile se répandait, ils la célébrèrent – eux-mêmes et ceux auxquels ils avaient « imposé les mains » – en des lieux toujours nouveaux, à commencer par l'Asie Mineure. Enfin, avec saint Pierre et saint Paul, l'eucharistie parvint à Rome, à l'époque capitale du monde. Des siècles plus tard, elle atteignit la Vistule\*.

Je me rappelle que, pendant ma retraite précédant l'ordination épiscopale, je rendais grâce à Dieu d'une manière particulière parce que l'Evangile et l'eucharistie étaient arrivés sur la Vistule, parce qu'ils étaient arrivés aussi à Tyniec. L'abbaye de Tyniec, qui se trouve dans les environs de Cracovie et dont les débuts remontent au XIe siècle, était vraiment le lieu approprié pour pouvoir me préparer à recevoir l'ordination dans la cathédrale du Wawel.

En 2002, pendant ma visite à Cracovie, avant de m'envoler pour Rome, je réussis à faire une visite, bien que très brève, à Tyniec. Ce fut comme le paiement d'une dette personnelle de gratitude. Je dois tant à Tyniec. Probablement pas moi tout seul, mais aussi toute la Pologne.

Le 28 septembre 1958 s'approchait lentement. Avant d'être ordonné, j'intervins officiellement à Lubaczów comme évêque nommé, à l'occasion du jubilé d'argent d'épiscopat de l'archevêque Mgr Baziak. C'était le jour de Notre-Dame des Sept-Douleurs, fête qui se célébrait le 22 septembre à Lvov. J'étais là en même temps que deux évêques de Przemyśl* : Mgr Franciszek Barda et Mgr Wojciech Tomaka – tous les deux très âgés et moi, au milieu d'eux, jeune de trente-huit ans. J'éprouvais un certain embarras. C'est là justement qu'eurent lieu mes premiers « essais » d'épiscopat. Une semaine après, c'était la consécration au Wawel.

## Le Wawel

Depuis mon enfance j'éprouve un attachement tout spécial pour la cathédrale du Wawel. Je ne me rappelle pas quand j'y suis allé pour la première fois, mais à partir du moment où j'ai commencé à la fréquenter, je me suis senti particulièrement attiré par elle et lié à elle. Le Wawel renferme en quelque sorte toute l'histoire de la Pologne. J'ai vécu une période tragique lorsque les nazis ont installé le siège de leur gouverneur Frank dans le château du Wawel et qu'ils ont hissé à son sommet le drapeau à croix gammée. Cela a été pour moi une expérience particulièrement douloureuse. Mais arriva le jour enfin où le drapeau à croix gammée disparut et où furent réinstallés les emblèmes polonais.

La cathédrale actuelle existe depuis le temps de Casimir le Grand*. J'ai continuellement devant les yeux les diverses parties de l'église avec leurs monuments respectifs. Il suffit de traverser la nef centrale et les nefs latérales pour découvrir les sarcophages des rois de Pologne. Et si l'on descend dans la crypte des poètes, on y trouve les tombes de Mickiewicz*, Słowacki* et, dernièrement, Norwid*.

Comme je l'ai rappelé dans mon livre *Ma vocation : don et mystère*, j'avais vivement désiré célébrer ma première messe au Wawel, dans la crypte Saint-Léonard, dans les souterrains de la cathédrale, et il en fut ainsi. Très certainement, ce désir venait du profond amour que j'éprouvais pour tout ce qui portait une trace de ma patrie. Ce lieu où chaque pierre parle de la Pologne, de la grandeur polonaise, m'est cher. Tout le complexe du Wawel m'est cher : la cathédrale, le château et la cour. Quand je suis retourné récemment à Cracovie, je suis allé aussi au Wawel, et là j'ai prié sur la tombe de saint Stanislas. Je ne pouvais manquer une visite à cette cathédrale qui m'avait accueilli durant vingt ans.

L'endroit qui m'est le plus cher dans la cathédrale du Wawel est la crypte Saint-Léonard. C'est la partie de l'antique cathédrale qui remonte aux temps du roi Boleslas III* Bouche-Torse. La crypte elle-même témoigne de temps plus anciens encore. Elle rappelle en effet les premiers évêques des débuts du XIᵉ siècle, quand commença la généalogie épiscopale de Cracovie. Les premiers évêques portent des noms mystérieux : Prokop et Prokulf, comme s'ils étaient d'origine grecque. Puis, peu à peu apparaissent toujours plus souvent des noms slaves comme Stanislas* de Szczepanów, qui devint évêque de Cracovie en 1072. En 1079 il fut assassiné par des hommes envoyés par le roi Boleslas II le Hardi. Plus tard, ce roi dut fuir le pays et il termina probablement sa vie à Osjak, comme pénitent. Quand je devins métropolitain de Cracovie, alors que je revenais de Rome à Cracovie, j'ai célébré la messe à Osjak. Et c'est là que je conçus l'évocation poétique de cet événement survenu il y a tant de siècles, le poème intitulé *Stanislas*.

Saint Stanislas, « Père de la Patrie ». Le dimanche qui suit le 8 mai, on fait une grande procession du Wawel à Skałka. Tout au long du parcours, les participants chantent des hymnes entrecoupées de l'antienne : « Saint Stanislas, notre patron, prie pour nous ! » La procession descend du Wawel, traverse les rues Stradom et Krakowska, continue vers Skałka, où est célébrée la messe présidée habituellement par un évêque invité. A la fin de la messe, la procession revient par les mêmes rues jusqu'à la cathédrale, et les reliques du chef de saint Stanislas, portées en procession dans le magnifique reliquaire, sont déposées sur l'autel. Les Polonais ont tous été convaincus de la sainteté de cet évêque, et ils s'employèrent avec un grand zèle à sa canonisation, qui eut lieu à Assise au XIIIe siècle. Dans cette ville de l'Ombrie, on a conservé jusqu'à ce jour les fresques qui représentent saint Stanislas.

Dans la cathédrale du Wawel, à côté de la *Confession de saint Stanislas*, la tombe de la sainte reine Hedwige constitue aussi un trésor inestimable. Ses reliques furent déposées sous le célèbre crucifix du Wawel en 1987, à l'occasion de mon troisième pèlerinage dans ma Patrie. Au pied de ce crucifix, Hedwige, à douze ans, prit la décision de s'unir en mariage au prince lituanien Ladislas Jagellon. Cette décision – au cours de l'année 1386 – fit entrer la Lituanie dans la famille des nations chrétiennes.

Je me rappelle avec émotion le jour du 8 juin 1997 quand, aux Błonia de Cracovie, pendant la canonisation de la reine, j'ai commencé l'homélie par ces paroles : « Hedwige, tu as attendu longtemps ce jour solennel, [...] presque six cents ans. » Diverses circonstances, dont il est difficile de parler maintenant, ont contribué à ce retard. Depuis bien longtemps je nourrissais le désir que la « Dame du Wawel » puisse jouir du titre de sainte au sens canonique, officiel, et ce jour-là cela se réalisa. Je rendis grâce à Dieu qui, après tant de siècles, m'avait accordé de réaliser cette aspiration si chère au cœur de générations entières de Polonais.

Tous ces souvenirs se relient de quelque manière au jour de ma consécration. Celle-ci fut en un sens un événement historique. En effet, la précédente ordination épiscopale avait eu lieu bien auparavant, en 1926. Celui qui avait été alors consacré était Mgr Stanisław Rospond. Et maintenant j'allais l'être moi-même.

*Le jour de l'ordination : au centre de l'Eglise*

Arriva alors le 28 septembre, mémoire de saint Venceslas. Mon ordination épiscopale avait été fixée pour ce jour-là. J'ai toujours devant les yeux ce grand événement. Je dirais qu'à cette époque la liturgie était encore plus riche qu'aujourd'hui. Je me souviens de chacune des personnes qui y prirent part. La coutume voulait qu'on offrît des dons symboliques à l'évêque consécrateur. Un petit baril de vin et une miche de pain furent entre autres apportés par quelques-uns de mes compagnons : tout d'abord Zbyszek Siłkowski, camarade

30

de lycée, et Jurek Ciesielski, aujourd'hui Serviteur de Dieu ; puis, comme deuxième binôme, Marian Wójtowicz et Zdzisław Heydel. Il me semble qu'il y avait encore Stanisław Rybicki. Le plus actif était assurément l'abbé Kazimierz Figlewicz. La journée était nuageuse, mais à la fin le soleil fit son apparition. Comme signe de bon augure, l'un de ses rayons tomba sur le pauvre consacré...

Après la lecture de l'Evangile, le chœur chantait :

*Veni Creator Spiritus,*
*mentes tuorum visita :*
*imple superna gratia,*
*quæ tu creasti pectora.*

*Viens en nous Esprit Créateur,*
*Visite les âmes des tiens ;*
*Emplis de la grâce d'en-haut*
*Les cœurs que tu as créés...*

J'écoutais ce chant et de nouveau, comme pendant mon ordination sacerdotale, peut-être avec une clarté plus grande encore, se réveillait en moi la conscience que l'artisan de la consécration est en réalité l'Esprit saint. C'était pour moi une consolation et un réconfort face à toutes les craintes humaines liées à la prise en charge d'une si grande responsabilité. Cette pensée suscitait en mon esprit une grande confiance : l'Esprit saint m'éclairera, me donnera la force, me consolera, m'instruira... N'était-ce pas la promesse que le Christ fit lui-même à ses apôtres ?

Dans la liturgie se succèdent diverses actions symboliques, chacune ayant sa signification propre. L'évêque consécrateur pose des questions concernant la foi et la vie. La dernière d'entre elles est celle-ci :

*« Voulez-vous intercéder sans relâche auprès de Dieu tout-puissant pour le peuple saint, et exercer de façon irréprochable la fonction de grand prêtre et de pasteur ? »*

A la question le candidat répond :

*« Oui, je le veux, avec la grâce de Dieu. »*

Et alors l'évêque consécrateur conclut en disant :

*« Que Dieu lui-même achève en vous ce qu'il a commencé ! »*

De nouveau me venait à l'esprit, en y infusant une confiance sereine, cette pensée : le Seigneur commence maintenant en toi son œuvre ; ne crains pas, confie-lui ton chemin ; c'est lui-même qui agira et qui portera à son achèvement ce qu'il a entrepris (cf. *Ps* 36 [37], 5).

A tous les degrés d'ordination (diaconat, sacerdoce, consécration épiscopale), l'élu se prosterne en s'allongeant sur le sol. C'est le signe du don total de soi au Christ, à celui qui, pour accomplir sa mission sacerdotale, *« se dépouilla lui-même en prenant la condition de serviteur... et reconnu comme un homme à son comportement il s'est abaissé lui-même en devenant obéissant jusqu'à mourir, et à mourir sur une croix »* (*Ph* 2, 7-8). Une attitude semblable se reproduit chaque vendredi saint quand le prêtre qui préside l'assemblée liturgique se prosterne en silence. Ce jour-là du *Triduum* pascal, la messe n'est pas célébrée : l'Eglise se recueille pour méditer la Passion du Christ, à partir de son agonie à Gethsémani, quand lui-même pria prosterné à terre. Dans l'âme du célébrant résonne toujours avec force l'écho de sa demande : *« Demeurez ici et veillez avec moi »* (*Mt* 26, 38).

Je me rappelle ce moment, lorsque j'étais prosterné à terre et que la foule chantait les litanies des saints. L'évêque consécrateur avait invité l'assemblée :

*« Pour celui qui a été choisi, prions, avec tous les saints du ciel, le Seigneur notre Dieu : dans sa bonté, et pour le bien de l'Eglise, qu'il lui accorde l'abondance de sa grâce. »*

Ensuite avait commencé le chant des Litanies :

> *Kyrie, eleison. Christe, eleison...*
> *Sainte Marie, Mère de Dieu,*
> *Saint Michel,*
> *Saints anges de Dieu..., priez pour nous !*

J'ai une dévotion particulière pour l'ange gardien. Dès mon enfance, probablement comme le font tous les enfants, j'ai répété d'innombrables fois l'invocation : *« Ange de Dieu, toi qui es mon gardien, éclaire-moi, garde-moi, dirige-moi et gouverne-moi... »* Mon ange gardien sait ce que je suis en train de faire. Ma confiance en lui, en sa présence protectrice, ne cesse de s'approfondir en moi. Saint Michel, saint Gabriel, saint Raphaël sont les archanges que j'invoque souvent dans la prière. Je me souviens aussi du très beau traité de saint Thomas sur les anges, purs esprits.

> *Saint Jean-Baptiste,*
> *Saint Joseph,*
> *Saints Pierre et Paul,*
> *Saint André,*
> *Saint Charles..., priez pour nous !*

Comme on le sait, j'ai été ordonné prêtre en la solennité de la Toussaint. Pour moi, ce jour a toujours été une grande fête. Par la bonté de Dieu, il m'est donné de célébrer l'anniversaire de mon ordination sacerdotale le jour où toute l'Eglise se souvient des habitants du ciel. De là-haut, ils intercèdent pour que la communauté ecclésiale croisse dans la communion sous l'action de l'Esprit saint qui l'incite à la pratique de l'amour fraternel · « De même que la communion chrétienne entre ceux qui sont en chemin nous conduit plus près du Christ, ainsi la communion avec les saints nous unit au Christ, de qui découlent, comme de la Source et de la Tête, toute grâce et la vie du Peuple de Dieu lui-même » (*Lumen gentium*, n. 50).

A la fin des litanies, l'ordinand se lève et s'approche du célébrant, et celui-ci lui impose les mains. Selon la Tradition remontant aux apôtres, ce geste fondamental signifie la transmission de l'Esprit saint. Aussitôt après les deux coconsécrateurs imposent eux aussi les mains sur la tête de l'élu. Puis le célébrant et les deux coconsécrateurs prononcent la prière d'ordination. C'est ainsi que s'achève le moment culminant de la consécration épiscopale. Il faut rappeler ici les paroles de la Constitution conciliaire *Lumen gentium* : « Pour remplir de si grandes charges, les apôtres ont été comblés de dons par une effusion spéciale de l'Esprit saint descendant sur eux (cf. *Ac* 1, 8 ; 2, 4 ; *Jn* 20, 22-23), et ont transmis eux-mêmes à leurs collaborateurs, par l'imposition des mains, le don de l'Esprit (cf. *1 Tm* 4, 14 ; *2 Tm* 1, 6-7), qui s'est transmis jusqu'à nous dans la consécration épiscopale. [...] En effet, il ressort clairement de la Tradition, qui s'exprime surtout dans les rites liturgiques et dans l'usage de l'Eglise aussi bien d'Orient que d'Occident, que par l'imposition des mains et par les paroles de la consécration la grâce de l'Esprit saint est donnée et un caractère sacré est imprimé, de sorte que les évêques, d'une façon éminente et visible, jouent le rôle du Christ lui-même, Maître, Pasteur et Pontife, et agissent en sa personne » (n. 21).

### Les évêques consécrateurs

Je ne puis omettre de mentionner ici la personne du consécrateur principal, l'archevêque Eugeniusz

Baziak. J'ai déjà rappelé l'histoire complexe de sa vie et de son ministère épiscopal. Son origine comme évêque revêt une grande importance pour moi, car il a été le maillon qui m'a relié à la succession apostolique. Il avait été sacré par l'archevêque Bolesław Twardowski. Auparavant, celui-ci avait été sacré par l'évêque Józef Bilczewski, que j'ai eu récemment la joie de béatifier à Lvov, en Ukraine. Mgr Bilczewski fut quant à lui sacré par le cardinal Jan Puzyna, archevêque de Cracovie, et les deux évêques coconsécrateurs furent le bienheureux Józef Sebastian Pelczar, évêque de Przemyśl, et le serviteur de Dieu Andrzej Szeptycki, archevêque grec-catholique. Tout cela ne trace-t-il pas la route à suivre ? Pouvais-je m'affranchir de la tradition de sainteté de ces grands pasteurs de l'Eglise ?

A mon ordination, les deux autres évêques coconsécrateurs furent Mgr Franciszek Jop, d'Opole, et Mgr Bolesław Kominek, de Wrocław. Je me souviens d'eux avec un grand respect et une grande considération. Pendant la période du stalinisme, Mgr Jop fut pour Cracovie un homme providentiel. Mgr Baziak fut mis au secret et Mgr Jop fut désigné comme vicaire capitulaire à Cracovie. Grâce à lui, l'Eglise de cette ville a survécu sans grands dommages à la dure épreuve de ce temps-là. Mgr Bolesław Kominek avait lui aussi des liens avec Cracovie. Pendant la période stalinienne, alors qu'il était déjà évêque de Wrocław, les autorités communistes lui interdirent d'entrer dans son diocèse. Il s'établit alors à Cracovie comme prélat mitré. Ce n'est que plus tard qu'il put prendre possession canonique de son diocèse de Wrocław. En 1965, il fut nommé cardinal. Tous les deux furent de grands hommes d'Eglise qui, en des temps difficiles, donnèrent l'exemple de grandeur personnelle, témoignant ainsi de leur fidélité au Christ et à l'Evangile. Comment ne pas tenir compte de cette courageuse « ascendance » spirituelle ?

## Les gestes liturgiques de la consécration

D'autres gestes liturgiques significatifs de la consécration épiscopale me reviennent en mémoire. Tout d'abord l'imposition du livre des Evangiles sur les épaules, pendant que l'on chante la prière d'ordination. Ici, l'union du signe et des paroles est particulièrement éloquente. La première impression conduit la pensée à considérer le poids de la responsabilité que l'évêque assume vis-à-vis de l'Evangile, c'est-à-dire la portée de l'appel du Christ qui conduit à l'annoncer jusqu'aux extrémités de la terre, en lui rendant témoignage par sa vie. Mais si l'on pénètre plus profondément dans la signification de ce signe, on s'aperçoit que précisément ce qui est en train de s'accomplir tire son origine de l'Evangile et a en lui ses racines. C'est pourquoi celui qui reçoit l'ordination épiscopale peut puiser réconfort et inspiration dans cette prise de conscience. C'est à la lumière de la Bonne Nouvelle de la résurrection du Christ que deviennent intelligibles et efficaces les paroles de la prière :

« *Effunde super hunc Electum eam virtutem, quæ a te est, Spiritum principalem, quem dedisti dilecto Filio tuo Iesu Christo, quem ipse donavit sanctis Apostolis...* »

« *Répands sur celui que Tu as choisi la force qui vient de Toi, ton Esprit qui régit et guide, l'Esprit que Tu as donné à ton Fils bien-aimé, Jésus Christ, celui qu'il a donné lui-même aux saints apôtres...* »

Pontifical romain, *Prière d'ordination.*

Dans la liturgie de l'ordination épiscopale, vient ensuite l'onction avec le saint chrême. Ce geste est profondément enraciné dans les sacrements précédents, à commencer par le baptême et la confirmation. A l'occasion de l'ordination sacerdotale, l'onction se fait sur les mains, à l'ordination épiscopale, c'est sur la tête. Voilà encore un geste qui parle de la transmission de l'Esprit saint, lui qui pénètre à l'intérieur, qui prend possession de l'homme sur lequel on fait l'onction, et qui en fait son instrument. Cette onction de la tête signifie l'appel à de nouvelles responsabilités : l'évêque aura en effet dans l'Eglise des tâches de direction qui l'engageront totalement. Cette onction par l'Esprit saint a elle aussi la même source que toutes les autres : Jésus-Christ – le Messie.

Le nom de *Christos*, « Christ », est la traduction grecque du mot hébreu *mašiah*, « Messie », qui veut dire « oint ». En Israël, recevaient l'onction au nom de Dieu ceux qui étaient élus par Lui pour accomplir une mission particulière. Il pouvait s'agir de mission prophétique, sacerdotale ou royale. Toutefois le nom de « messie » se référait avant tout à celui qui devait venir pour instituer définitivement le royaume de Dieu, dans lequel les promesses du salut devaient trouver leur accomplissement. C'est précisément celui-là qui devait être « oint » par l'Esprit du Seigneur comme prophète, comme prêtre et comme roi.

Le mot *Oint-Christ* est devenu le nom propre de Jésus, car en lui s'est accomplie d'une manière parfaite la mission divine exprimée par ce terme. L'Evangile ne dit pas que Jésus ait jamais été oint extérieurement, comme l'ont été dans l'Ancien Testament David ou Aaron, sur la barbe duquel descendait l'huile parfumée (cf. *Ps* 132 [133], 2). Quand nous parlons de son « onction », nous avons donc à l'esprit l'onction directe de la part de l'Esprit saint dont le signe et le témoignage furent l'accomplissement parfait par Jésus de la mission que son Père lui avait confiée. C'est ce que l'évêque saint Irénée a fort bien décrit : « Dans le nom de Christ, est sous-entendu celui qui a oint, celui-là même qui a été oint et l'onction dont il a été oint. Celui qui a oint, c'est le Père ; celui qui a été oint, c'est le Fils ; et il a été oint dans l'Esprit, qui est l'onction » (cf. *Contre les hérésies*, III, 18, 3 . *Sources chrétiennes*, Paris 1984, p. 362).

A la naissance de Jésus, les anges annoncent aux bergers : « *Aujourd'hui vous est né un sauveur, dans la ville de David. Il est le Messie, le Seigneur* » (*Lc* 2, 11). Le *Christ*, c'est-à-dire l'*Oint*. Avec lui naissent aussi bien l'onction universelle, messianique et salvifique à laquelle tous les baptisés ont part, que l'onction spéciale dont lui, le Messie, a voulu rendre participants les évêques et les prêtres, élus à la responsabilité apostolique pour son Eglise. L'huile sainte du chrême, signe de la puissance de l'Esprit de Dieu, est descendue sur nos têtes, nous inscrivant dans l'œuvre messianique du salut ; et en même temps que cette onction, nous avons reçu d'une manière qualitativement spécifique la triple fonction : prophétique, sacerdotale et royale

### Le saint chrême

Je rends grâce au Seigneur pour la *première onction avec le saint chrême* que j'ai reçue dans ma ville de naissance, Wadowice*. Cela s'est produit à l'occasion de mon baptême. Par ce bain sacramentel, nous sommes tous justifiés par le Christ et greffés sur lui. Nous recevons pour la première fois aussi le don de l'Esprit saint. C'est précisément l'onction avec le saint chrême qui est le signe de cette effusion de l'Esprit qui donne la nouvelle vie dans le Christ et qui nous rend capables de vivre dans la justice divine. Cette première onction est complétée par le sceau de l'Esprit saint dans le sacrement de confirmation. Le lien profond, direct, entre ces sacrements est particulièrement évident dans la liturgie du baptême des adultes. Pour leur part, les Eglises orientales ont conservé aussi ce lien direct dans le baptême des enfants, qui, en même temps que le premier sacrement, reçoivent aussi celui de la confirmation.

Le lien de ces deux premiers sacrements et du saint mystère de l'eucharistie lui-même avec la vocation sacerdotale et épiscopale est si fort et si profond que nous pouvons toujours à nouveau, d'un cœur reconnaissant, découvrir sa richesse. Nous autres, évêques, nous n'avons pas seulement reçu ces sacrements, mais nous sommes envoyés pour baptiser, pour rassembler l'Eglise autour de la table du Seigneur, pour confirmer les disciples du Christ avec le sceau de l'Esprit saint dans le sacrement de la confirmation. Dans son ministère, l'évêque a bien souvent l'occasion d'administrer ce sacrement, conférant aux personnes l'onction avec le saint chrême et leur transmettant le don de l'Esprit saint, qui est source de vie dans le Christ.

Dans de multiples lieux, pendant les ordinations, on peut entendre les fidèles chanter :

> *Peuple de prêtres, peuple de rois,*
> *assemblée des saints, peuple de Dieu,*
> *chante ton Seigneur.*

J'aime ce chant d'un contenu profond :

*Nous te chantons, ô Fils bien-aimé de ton Père !*
*Nous te louons, Sagesse éternelle et Verbe de Dieu.*
*Nous te chantons, ô Fils de la Vierge Marie.*
*Nous te louons, ô Christ, notre Frère, venu nous*
*    sauver.*
*Nous te chantons, Messie attendu par les Pauvres,*
*Nous te louons, ô Christ, notre Roi, doux et humble*
*    de cœur.*
*[...]*
*Nous te chantons, ô vigne de vie, nous, tes sarments.*

Toute vocation naît dans le Christ et c'est précisément cela qui est chaque fois exprimé dans l'onction avec le saint chrême : en commençant par le baptême jusqu'à l'onction sur la tête de l'évêque. C'est bien de cette onction que découle la dignité commune à toutes les vocations chrétiennes. De ce point de vue, elles sont toutes égales. Les différences viennent du rôle que le Christ assigne dans la communauté de l'Eglise à chaque appelé, et de la responsabilité qui en découle. Il faut être très attentif à ce que *rien ne soit perdu* (*Jn* 6, 12) : aucune vocation ne doit se flétrir, car chacune est précieuse et nécessaire. Pour toute vie le Bon Pasteur a donné sa vie (cf. *Jn* 10, 11). Telle est la responsabilité de l'évêque. Il faut qu'il sache que sa tâche est de faire en sorte que dans l'Eglise puisse naître et se développer toute vocation, toute élection de l'homme de la part du Christ, même la plus humble. C'est pour cela que l'évêque, comme le Christ, appelle, rassemble, enseigne autour de la table du corps et du sang du Seigneur. En même temps, il guide et il sert. Il doit être fidèle à l'Eglise, c'est-à-dire à chacun de ses membres, jusqu'au plus petit, que le Christ a appelé et auquel le Christ s'identifie (cf. *Mt* 25, 45). Comme signe de cette fidélité, l'évêque reçoit l'anneau.

## *L'anneau et le rationnal*

L'anneau, passé au doigt de l'évêque, signifie qu'il a contracté des épousailles sacrées avec l'Eglise.

« *Accipe anulum, fidei signaculum.* »

« *Recevez cet anneau, symbole de fidélité : gardez dans la pureté de la foi l'épouse de Dieu, la sainte Eglise.* »

« *Esto fidelis usque ad mortem...* »

Telle est la recommandation du livre de l'Apocalypse : « *Sois fidèle jusqu'à la mort et je te donnerai la couronne de la vie* » (2, 10). Cet anneau, symbole nuptial, est une expression particulière du lien de l'évêque avec l'Eglise. Pour moi, il représente un appel quotidien à la fidélité. C'est une sorte d'interrogation silencieuse qui se fait entendre dans la conscience : est-ce que je me donne totalement à mon épouse, l'Eglise ? Suis-je suffisamment « pour » les communautés, les familles, les jeunes et les personnes âgées, et aussi

« pour » ceux qui doivent encore naître ? L'anneau me rappelle aussi la nécessité d'être un robuste « maillon » dans la chaîne de la succession qui m'unit aux apôtres. La résistance d'une chaîne se mesure en effet au maillon le plus faible. Je dois être un maillon fort, fort de la force de Dieu : *« Le Seigneur est ma force et mon rempart »* (*Ps* 27 [28], 7). *« Si je traverse les ravins de la mort, je ne crains aucun mal, car tu es avec moi : ton bâton me guide et me rassure »* (*Ps* 22 [23], 4).

Les évêques de Cracovie ont un privilège spécial qui, pour autant que je sache, est propre à quatre diocèses seulement dans le monde. Ils ont le droit de porter ce qu'on appelle le « rationnal ». Dans sa forme extérieure, c'est un signe qui rappelle le pallium. A Cracovie, dans le trésor du Wawel, se trouve le « rationnal », don de la reine Hedwige. En lui-même, ce signe ne dit rien. Il n'a de sens que lorsque l'archevêque le revêt ; il exprime alors son autorité et son service : précisément parce qu'il a l'autorité, il doit servir. En un sens, on peut y voir un symbole de la passion du Christ et de tous les martyrs. En le revêtant, plus d'une fois me sont revenues à l'esprit les paroles que l'apôtre Paul, déjà âgé, adressait à l'évêque Timothée, encore jeune : *« N'aie pas honte de rendre témoignage à notre Seigneur, et n'aie pas honte de moi, qui suis en prison à cause de lui ; mais, avec la force de Dieu, prends ta part de souffrance pour l'annonce de l'Evangile »* (*2 Tm* 1, 8).

## « *Garde le dépôt* » *(1 Tm 6, 20)*

Après la prière d'ordination, le rituel prévoit la remise du livre des Evangiles à l'évêque ordonné. Ce geste signifie que l'évêque doit accueillir et annoncer la Bonne Nouvelle : il est le signe de la présence dans l'Eglise de Jésus le Maître. L'enseignement appartient donc à l'essence de la vocation de l'évêque : celui-ci doit être un maître.

Nous savons combien d'évêques éminents, de l'Antiquité à nos jours, ont répondu de manière exemplaire à cet appel. Ils ont mis à profit l'avertissement prudent de l'apôtre Paul, se sentant personnellement concernés par lui : « *O Timothée, garde le dépôt [de la foi]. Evite les discours creux et impies, les objections d'une pseudo-science* » (*1 Tm* 6, 20). Les évêques ont été des maîtres de qualité parce qu'ils ont concentré leur vie spirituelle sur l'écoute et l'annonce de la Parole. En d'autres termes, ils ont su abandonner les paroles inutiles pour se consacrer de toute leur énergie à *l'unique nécessaire* (cf. *Lc* 10, 42).

La tâche de l'évêque est en effet de se faire serviteur de la Parole. En tant que maître précisément, il siège sur la cathèdre – c'est-à-dire sur le siège placé de façon emblématique dans l'église dite justement « cathédrale » – pour prêcher, pour annoncer et pour expliquer la parole de Dieu. Notre époque propose de nouvelles exigences aux évêques en tant que maîtres, mais elle leur offre aussi de nouveaux moyens admirables pour les aider à annoncer l'Evangile. La facilité des déplacements leur permet de visiter souvent les différentes églises et communautés de leur diocèse. Ils ont à leur disposition la radio, la télévision, Internet, la presse écrite. Pour annoncer la parole de Dieu, les évêques sont aidés par les prêtres et par les diacres, par les catéchistes et par les enseignants, par les professeurs de théologie, et aussi par un nombre toujours plus important de laïcs, cultivés et fidèles à l'Evangile.

Toutefois rien ne peut remplacer la présence de l'évêque qui s'assied sur la cathèdre ou qui se présente à l'ambon de son église cathédrale et qui explique personnellement la parole de Dieu à ceux qu'il a rassemblés autour de lui. Lui aussi, comme le *« scribe devenu disciple du royaume des cieux, est comparable à un maître de maison qui tire de son trésor du neuf et de l'ancien »* (*Mt* 13, 52). Je suis heureux de mentionner ici l'archevêque émérite de Milan, le cardinal Carlo Maria Martini, dont les catéchèses dans la cathédrale milanaise attiraient une foule de personnes auxquelles il dévoilait le trésor de la parole de Dieu. Ce n'est qu'un exemple parmi d'autres, qui prouve à quel point est grande chez les fidèles la faim de la parole de Dieu. Qu'il est important de rassasier cette faim !

J'ai toujours eu la conviction que, si je veux rassasier chez les autres cette faim intérieure, il faut d'abord qu'à l'exemple de Marie j'écoute

46

moi-même cette parole de Dieu et que *je la médite en mon cœur* (cf. *Lc* 2, 19). En même temps, j'ai compris de mieux en mieux que l'évêque doit aussi savoir écouter les personnes auxquelles il annonce la Bonne Nouvelle. Face à l'actuel déluge de paroles, d'images et de sons, il est important que l'évêque ne se laisse pas étourdir. Il doit se mettre à l'écoute de Dieu et de ses interlocuteurs, dans la conviction que nous sommes tous unis dans le même mystère de la parole de Dieu sur le salut.

### *La mitre et la crosse*

L'appel à l'épiscopat constitue assurément un honneur. Toutefois cela ne signifie pas que le candidat ait été choisi pour s'être distingué parmi beaucoup d'autres comme un homme et un chrétien éminent. L'honneur qui lui est accordé vient du fait que sa mission qui est d'être établi au centre de l'Eglise, pour être le premier dans la foi, le premier dans la charité, le premier dans la fidélité et le premier dans le service. Si quelqu'un ne cherche dans l'épiscopat qu'un honneur pour lui-même, il ne parviendra pas à bien accomplir sa mission épiscopale. La première justification de l'honneur dû à l'évêque, et la plus importante, réside dans la responsabilité attachée à son ministère.

*« Une ville située sur une montagne ne peut être cachée »* (*Mt* 5, 14). L'évêque est toujours sur la

montagne, sur le candélabre, visible pour tous. Il doit avoir conscience du fait que tout ce qui arrive dans sa vie prend de l'importance aux yeux de la communauté : *tous ont les yeux fixés sur lui* (cf. *Lc* 4, 20). De même qu'un père de famille forme ses enfants à la foi d'abord par l'exemple de sa vie religieuse et de sa prière, de même aussi l'évêque édifie ses fidèles par tout son comportement. C'est pourquoi l'auteur de la première lettre de Pierre demande avec tant d'insistance que les évêques soient « *les modèles du troupeau* » (5, 3). Dans cette perspective, durant la liturgie de l'ordination, le signe de l'imposition de la mitre parle avec une éloquence singulière. Le nouvel évêque la reçoit comme une monition à s'employer pour que « resplendisse en lui l'éclat de la sainteté », afin qu'il soit digne de recevoir la couronne de gloire qui ne se flétrit pas quand se manifestera le Christ, le « prince des pasteurs » (cf. Pontifical romain).

L'évêque est particulièrement appelé à la sainteté personnelle pour contribuer à l'accroissement de la sainteté de la communaute ecclésiale qui lui est confiée. C'est lui le responsable de la réalisation de la vocation universelle à la sainteté dont parle le chapitre V de la Constitution conciliaire *Lumen gentium*. Comme je l'ai écrit au terme du grand jubilé, dans cette vocation se trouve le « *dynamisme intrinsèque et caractéristique* » de l'ecclésiologie (cf. *Novo millennio ineunte*, n. 30). Le peuple « uni de l'unité du Père et du Fils et de l'Esprit saint » est un peuple qui appartient à Celui qui est *trois fois saint* (cf. *Is* 6, 3). « Dire que l'Eglise est sainte, écrivais-je, signifie présenter son visage d'*épouse du Christ*, pour laquelle il s'est livré, précisément en vue de la sanctifier » (*Novo millennio ineunte*, n. 30). Ce don de sainteté devient un devoir. Il faut se rendre constamment compte que toute la vie du chrétien devrait être orientée vers ce devoir : « *La volonté de Dieu, c'est que vous viviez dans la sainteté* » (*1 Th* 4, 3).

Au début des années 1970, j'ai écrit, en me référant à la Constitution *Lumen gentium* : « L'histoire du salut est l'histoire de tout le peuple de Dieu et cette histoire passe aussi par la vie des personnes, se concrétisant de nouveau en chacune d'elles. Le sens essentiel de la sainteté consiste en ceci : qu'elle est toujours sainteté de la personne. Cela est confirmé par l'appel "universel" à la sainteté. Tous les membres du peuple de Dieu y sont appelés, mais chacun d'eux de façon unique, qui ne peut se répéter » (*U podstaw odnowy. Studium o realizacji Vaticanum II*, Cracovie 1972, p. 165). Du reste, la sainteté de chacun contribue à accroître la beauté du visage de l'Eglise, épouse du Christ, en favorisant l'accueil de son message par le monde contemporain.

Dans le rite de l'ordination épiscopale vient ensuite la remise de la crosse. Elle est le signe de l'autorité qui revient à l'évêque dans l'accomplissement de son devoir qui est de prendre soin de son troupeau. Ce signe s'inscrit lui aussi dans la perspective de la sollicitude en vue de la sainteté du peuple de Dieu. Le pasteur doit en effet veiller sur chaque brebis et la protéger, la conduire sur des prés d'herbe fraîche (cf. *Ps* 22 [23], 2) – sur ces prés où elle découvrira que la sainteté n'est pas « une sorte de vie extraordinaire que seuls quelques "génies" de la sainteté pourraient pratiquer. Les voies de la sainteté sont multiples et adaptées à la vocation de chacun » (*Novo millennio ineunte*, n. 31). Quel potentiel de grâce s'est assoupi dans la foule innombrable des baptisés ! Je prie sans relâche pour que l'Esprit saint allume de son feu notre cœur à nous, évêques, de telle sorte que nous devenions maîtres de sainteté, capables d'entraîner les fidèles par notre exemple.

En ma mémoire revient l'émouvant adieu de saint Paul aux anciens de l'Eglise d'Ephèse : « *Veillez sur vous-mêmes, et sur tout le troupeau où l'Esprit saint vous a placés comme responsables, pour être les pasteurs de l'Eglise de Dieu qui lui appartient grâce au sang qu'a versé son propre Fils* » (*Ac* 20, 28). Le commandement du Christ obsède tout Pasteur : « *Allez... De toutes les nations faites des disciples* » (*Mt* 28, 19). Allez, ne vous arrêtez jamais ! L'attente du divin Maître nous est bien connue . « *Je vous ai établis afin que vous partiez, que vous donniez du fruit, et que votre fruit demeure* » (*Jn* 15, 16).

La crosse en forme de crucifix que j'utilise actuellement est la réplique de celle de Paul VI.

J'y vois symboliquement manifestées trois fonctions : sollicitude, guide, responsabilité. La crosse n'est pas un signe d'autorité au sens courant du terme. Ce n'est pas un signe de préséance ou de suprématie sur les autres : c'est un signe de service. Comme tel, c'est un signe de la sollicitude qui est due aux brebis : *« Pour que les hommes aient la vie et qu'ils l'aient en abondance »* (*Jn* 10, 10). L'évêque doit diriger et être guide. Il sera écouté et aimé de ses fidèles dans la mesure où il imitera le Christ, le Bon Pasteur, qui *« n'est pas venu pour être servi, mais pour servir et donner sa vie en rançon pour la multitude »* (*Mt* 20, 28). « Servir ! » – combien j'apprécie ce mot ! Sacerdoce « ministériel », un mot étonnant...

Il arrive que l'on entende la voix de quelqu'un qui défend le pouvoir épiscopal compris comme préséance : ce sont les brebis, dit-on, qui doivent marcher derrière le pasteur, et non le pasteur derrière les brebis. On peut être d'accord, mais en ce sens que c'est le pasteur qui doit marcher en tête afin de *donner sa vie pour ses brebis* ; c'est lui qui doit être le premier à se sacrifier et à se donner. « Il est ressuscité, le Bon Pasteur, qui a donné sa vie pour ses brebis. Il s'est livré à la mort par amour pour les siens » (*Office des Lectures*, répons II du IVe dimanche de Pâques). L'évêque a la préséance dans l'amour généreux pour les fidèles et pour l'Eglise, à l'exemple de saint Paul : *« Je trouve la joie dans les souffrances que je supporte pour vous, car ce qu'il reste à souffrir des épreuves du Christ, je l'accomplis dans ma propre chair, pour son corps qui est l'Eglise »* (*Col* 1, 24).

Il est certain que réprimander fait aussi partie du rôle du pasteur. Je pense que, sous cet aspect, j'ai peut-être fait trop peu. Le rapport entre autorité et service pose toujours question. Je dois peut-être me reprocher de n'avoir pas suffisamment cherché à commander. Dans une certaine mesure, cela vient de mon tempérament. Mais cela peut aussi en quelque manière être attribué à la volonté du Christ qui demanda à ses apôtres non pas tant de commander que de servir. Naturellement, l'autorité appartient à l'évêque, mais tout dépend de la manière dont elle est exercée. Si l'évêque s'appuie un peu trop sur l'autorité, les gens pensent tout de suite qu'il ne sait que commander. Au contraire, s'il se place dans une attitude de service, les fidèles se sentent spontanément poussés à l'écouter et se soumettent volontiers à son autorité. Il semble qu'il faille ici un certain équilibre. Si l'évêque dit : « Ici, c'est moi seul qui commande », ou : « Je suis le seul qui serve ici », il manque quelque chose : il doit servir en gouvernant et gouverner en servant. De cela le Christ lui-même nous a donné un modèle éloquent : il servait sans cesse, mais dans l'esprit du service divin il savait aussi chasser les marchands du temple quand c'était nécessaire.

Malgré les résistances intérieures que j'éprouvais à faire des reproches, je pense toutefois que j'ai pris toutes les décisions nécessaires. Comme métropolitain de Cracovie, j'ai fait tout mon possible pour arriver à ces décisions d'une manière collégiale, c'est-à-dire en consultant les évêques auxiliaires et mes autres collaborateurs. Chaque semaine, nous avions nos sessions de la curie diocésaine, durant lesquelles étaient discutées toutes les questions dans l'optique du plus grand bien de l'archidiocèse. J'aimais poser deux questions à mes collaborateurs. La première : « *Quelle est la vérité de foi qui jette une lumière sur ce problème ?* » Et la seconde : « *Qui pouvons-nous solliciter ou former pour nous aider ?* » Trouver la motivation religieuse pour agir et la personne apte à accomplir une tâche déterminée constituait un bon préalable, qui faisait bien espérer du succès des initiatives pastorales.

Avec la remise de la crosse s'achève le rite de l'ordination. Ensuite commence la messe que le nouvel évêque concélèbre avec les évêques consécrateurs. Tout cela est tellement plein de sens, de pensées, de conscience personnelle qu'il est impossible de l'exprimer complètement ou même d'y ajouter quelque chose.

*Le pèlerinage au sanctuaire de Marie*

A la fin de la messe, je me rendis directement du Wawel au grand séminaire, où se tenait la réception pour les invités. Cependant, le soir même je me rendis à Częstochowa* avec le « cercle » de mes amis les plus proches, où je célébrai la messe le lendemain matin dans la chapelle de l'image miraculeuse de la Vierge.

Pour les Polonais, Częstochowa est un lieu privilégié. De cette manière, ce lieu s'identifie à la Pologne et à son histoire, surtout à l'histoire des luttes pour l'indépendance nationale. Là se trouve le sanctuaire de la nation, appelé Jasna Góra. *Clarus mons – Montagne claire* : ce nom, évocateur de la lumière qui dissipe les ténèbres, acquit une signification particulière pour les Polonais qui vivaient aux heures sombres des guerres, des partitions et des occupations. Tous savaient que la source de cette lumière d'espérance était la présence de Marie dans son image miraculeuse. Il en fut ainsi, pour la première fois peut-être, durant l'invasion des Suédois qui passa à l'histoire sous le nom de « déluge ». En cette circonstance – chose significative –, le sanctuaire fut érigé en une forteresse que l'envahisseur ne réussit pas à conquérir. La nation déchiffra alors cet événement comme une promesse de victoire. La confiance en la protection de Marie donna aux Polonais la force de vaincre l'envahisseur. Depuis lors, le sanctuaire de Jasna Góra est devenu, en un sens, le rempart de la foi, de l'esprit, de la culture et de tout ce qui constitue l'identité nationale. Il en a été de même, d'une manière particulière, pendant la longue période des partitions et de la perte de souveraineté de l'Etat. C'est à cela que se référait le pape Pie XII lorsqu'il affirmait durant la Seconde Guerre mondiale : « La Pologne n'a pas disparu et ne disparaîtra pas parce que la Pologne croit, la Pologne prie, la Pologne a Jasna Góra. » Grâce à Dieu, ces paroles se sont vérifiées.

Plus tard, toutefois, il y a eu une nouvelle période sombre dans notre histoire, celle de la domination communiste. Les autorités du parti étaient conscientes de ce que signifiait pour les Polonais Jasna Góra, l'icône miraculeuse, et de l'intense dévotion mariale qui se développe autour d'elle depuis le début. C'est pourquoi lorsque, sur l'initiative de l'épiscopat et spécialement du cardinal Stefan Wyszyński, partit de Częstochowa le pèlerinage de l'icône de la « Vierge noire » qui devait visiter toutes les paroisses et toutes les communautés de Pologne, les autorités communistes firent tout leur possible pour empêcher cette « visitation ». Quand l'icône fut « arrêtée » par la police, le pèlerinage continua avec le cadre vide, et son message devint encore plus éloquent. Dans ce cadre privé d'image, on pouvait lire un signe muet de l'absence de liberté religieuse. La nation savait qu'elle avait droit à cette liberté religieuse et elle pria encore davantage pour l'obtenir. Ce pèlerinage se prolongea presque vingt-cinq ans et produisit chez les Polonais un affermissement extraordinaire dans la foi, dans l'espérance et dans la charité.

Tous les Polonais qui croient vont en pèlerinage à Częstochowa. Moi aussi, depuis mon enfance, je me rendais là-bas en participant à l'un ou à l'autre des pèlerinages. En 1936, il y eut un grand pèlerinage de la jeunesse universitaire de toute la Pologne, qui s'acheva par le serment solennel devant l'icône. Par la suite, il se répéta chaque année.

Pendant l'occupation nazie, je fis ce pèlerinage alors que j'étais désormais étudiant en lettres polonaises à la faculté de philosophie de l'université Jagellon. Je m'en souviens particulièrement car, pour conserver la tradition, nous sommes allés à Częstochowa comme délégués, Tadeusz Ulewicz, moi-même et une troisième personne. Jasna Góra était encerclée par l'armée hitlérienne. Les pères ermites de Saint-Paul nous ont offert l'hospitalité. Ils ont su que nous étions une délégation, mais tout resta secret. Nous avons eu ainsi la satisfaction de réussir, malgré tout, à maintenir cette tradition. Plus tard également, je me suis rendu souvent au sanctuaire, participant à divers pèlerinages – en particulier à celui de Wadowice.

Tous les ans avait lieu à Jasna Góra la retraite des évêques, habituellement au début de septembre. J'y ai pris part pour la première fois alors que je n'étais encore qu'évêque nommé. Mgr Baziak m'y emmena. Je me rappelle que cette fois-là le prédicateur était l'abbé Jan Zieja, prêtre d'une éminente personnalité. La première place était occupée naturellement par le primat, le cardinal Stefan Wyszyński, un homme vraiment providentiel pour les temps que nous vivions.

Peut-être est-ce de ces pèlerinages à Jasna Góra que naquit le désir que mes premiers pas de pèlerin comme pape me conduisent vers un sanctuaire marial. C'est ce désir qui, lors de mon premier voyage apostolique au Mexique, me guida aux pieds de la Vierge de Guadalupe. Dans l'amour qu'ont les Mexicains et en général les habitants de l'Amérique centrale et de l'Amérique du Sud pour la Vierge de Guadalupe – amour qui s'exprime de manière spontanée et sensible, mais très intense et très profonde –, il y a de nombreuses analogies avec la dévotion mariale polonaise, qui a formé aussi ma spiritualité. Ils appellent affectueusement Marie *La Virgen Morenita*, nom que l'on peut traduire librement par « la petite Vierge basanée ». Ils ont là-bas un chant populaire très connu qui parle de l'amour d'un garçon pour une jeune fille ; les Mexicains appliquent ce chant à la Vierge. J'entends toujours l'écho de ces paroles mélodieuses :

*Conocí a una linda Morenita... y la quise mucho.*
*Por las tardes iba yo enamorado y cariñoso a verla.*
*Al contemplar sus ojos, mi pasión crecía.*
*Ay Morena, Morenita mía, no te olvidaré.*
*Hay un Amor muy grande que existe entre los dos,*
  *entre los dos...*

*J'ai connu une ravissante petite basanée...*
*Et je l'aimais beaucoup.*
*Amoureux et affectueux, le soir, j'allais la voir.*
*A contempler ses yeux, ma passion décuplait.*

57

*O ma brune, ma brunette, jamais je ne t'oublierai.*
*Quel grand amour entre les deux, entre les deux...*

J'ai visité le sanctuaire de Guadalupe en janvier 1979, à l'occasion de mon premier pèlerinage apostolique. Le voyage avait été décidé en réponse à l'invitation à participer à l'assemblée de la conférence des évêques de l'Amérique latine (CELAM) à Puebla de Los Angeles. Ce pèlerinage a en un sens inspiré et orienté toutes les années suivantes de mon pontificat.

Je me suis arrêté d'abord à Saint-Domingue, d'où j'ai gagné le Mexique. Il y avait quelque chose d'extraordinairement touchant quand, nous dirigeant vers le lieu où nous devions passer la nuit, nous avons traversé les rues noires de monde. On pouvait pour ainsi dire toucher de la main la dévotion de ces innombrables personnes. Quand nous sommes finalement arrivés au lieu de notre hébergement, les gens continuaient à chanter, et il était déjà minuit. Aussi Stanisław (l'abbé Stanisław Dziwisz) se vit-il contraint de sortir pour les faire taire, leur expliquant que le pape devait dormir. Alors ils se calmèrent.

Je me rappelle que j'ai interprete ce voyage au Mexique comme une sorte de « laissez-passer » qui pouvait m'ouvrir la route au pèlerinage en Pologne. J'ai pensé en effet que les communistes de Pologne ne pouvaient pas me refuser l'autorisation de retourner dans ma patrie après que j'eus été reçu dans un pays à Constitution totalement laïque comme le Mexique d'alors. Je voulais me rendre en Pologne et cela a pu se réaliser au mois de juin de la même année.

Guadalupe, le plus grand sanctuaire de toute l'Amérique, est pour ce continent ce qu'est Częstochowa pour la Pologne. Ce sont deux mondes un peu différents : à Guadalupe le monde latino-américain, à Częstochowa le monde slave, l'Europe orientale. On a pu s'en rendre compte durant la Journée mondiale des jeunes en 1991, quand pour la première fois se présentèrent à Częstochowa des jeunes venant d'au-delà des frontières orientales de la Pologne : Ukrainiens, Lettons, Biélorusses, Russes... Tous les territoires de l'Europe orientale étaient représentés.

Revenons encore à Guadalupe. En 2002 il me fut donné de célébrer près de ce sanctuaire la canonisation de Juan Diego. Ce fut une occasion admirable pour rendre grâce à Dieu. Après avoir reçu le message chrétien, Juan Diego, sans renoncer à son identité indigène, découvrit la vérité profonde sur l'humanité nouvelle, dans laquelle tous sont appelés à être fils de Dieu dans le Christ. « *Père,... je proclame ta louange : ce que tu as caché aux sages et aux savants, tu l'as révélé aux tout-petits* » (*Mt* 11, 25). Et dans ce mystère, Marie a eu un rôle tout à fait singulier.

# DEUXIÈME PARTIE

# L'ACTIVITÉ DE L'ÉVÊQUE

*« Accomplis ton ministère » (2 Tm 4, 5)*

## Les tâches de l'évêque

Rentré à Cracovie après mon premier pèlerinage comme évêque à Jasna Góra, je commençai à m'installer à l'évêché. Je fus tout de suite nommé vicaire général. Je peux dire en toute franchise que je me suis lié d'amitié avec tous les employés de l'évêché de Cracovie. L'abbé Stefan Marszowski, l'abbé Mieczysław Satora, l'abbé Mikołaj Kuczkowski, l'abbé mitré Bohdan Niemczewski. Ce dernier, en tant que doyen du chapitre, fut ensuite celui qui soutint avec le plus d'énergie ma nomination comme archevêque malgré l'obstacle de la tradition aristocratique. En effet, à Cracovie, les archevêques étaient habituellement choisis parmi les aristocrates. Ce fut donc une surprise lorsque, après une longue série, je fus moi-même nommé, un « prolétaire ». Mais cela advint quelques années plus tard, en 1964. J'y reviendrai.

Je me trouvais bien à l'évêché, et je me souviens avec une grande sympathie et une grande gratitude des années passées à Cracovie. Les prêtres commencèrent à venir me trouver, me confiant leurs divers problèmes. Je me mis au travail avec enthousiasme. Au printemps commencèrent les visites pastorales.

J'entrais peu à peu dans mon nouveau rôle ecclésial. Avec la vocation épiscopale et la consécration, j'avais accepté de nouvelles tâches. Celles-ci étaient exprimées, comme en une synthèse essentielle, dans la liturgie de l'ordination épiscopale. Comme je l'ai dit plus haut, à l'époque de ma consécration épiscopale, en 1958, le rite de l'ordination avait déjà subi des modifications, tout en restant inchangé quant à la substance. L'antique usage, établi par les Pères de l'Eglise, impose de demander au futur évêque, en présence du peuple, s'il s'engage à conserver l'intégrité de la foi et à accomplir le ministère qui lui est confié. Actuellement les demandes se présentent ainsi :

*Frère bien-aimé, acceptez-vous*
*la charge que nous ont confiée les apôtres,*
*et que nous allons vous transmettre*
*par l'imposition des mains ?*

*Voulez-vous annoncer l'Evangile du Christ*
*avec fidélité et sans relâche ?*

*Voulez-vous garder dans sa pureté et dans son intégrité*
    *le dépôt de la foi,*
*selon la tradition reçue des apôtres toujours*
    *et partout tenue dans l'Eglise ?*

*Voulez-vous travailler à la construction du corps
  du Christ,*
*qui est l'Eglise,*
*et demeurer dans son unité,*
*avec tout l'ordre des évêques,*
*sous l'autorité du successeur de Pierre ?*

*Voulez-vous, avec les prêtres et les diacres,*
*prendre soin, comme un père,*
*du saint peuple de Dieu,*
*et le diriger sur le chemin du salut ?*

*Voulez-vous, d'un cœur plein de bonté*
  *et de miséricorde,*
*accueillir, au nom du Seigneur,*
*les pauvres, les étrangers*
*et tous ceux qui sont dans le besoin ?*

*Voulez-vous, comme un bon pasteur,*
*partir à la recherche des brebis qui s'égarent*
*pour les rassembler dans le bercail du Seigneur ?*

*Voulez-vous intercéder sans relâche auprès de Dieu*
*pour le peuple saint*
*et remplir de façon irréprochable*
*la fonction de grand prêtre et de pasteur ?*

Pontifical romain, *ordination de l'évêque,*
Desclée-Mame.

Les paroles qui viennent d'être citées sont bien
sûr gravées profondément au cœur de tout évêque.
En elles résonne l'écho des questions posées par

Jésus à Pierre sur le lac de Galilée : *« Simon, fils de Jean, m'aimes-tu plus que ceux-ci ? [...] Jésus lui dit : Sois le berger de mes agneaux. Il lui dit une deuxième fois : Simon, fils de Jean, m'aimes-tu ? [...] Jésus lui dit : Sois le pasteur de mes brebis. Il lui dit, pour la troisième fois : Simon, fils de Jean, est-ce que tu m'aimes ? Pierre fut peiné parce que, pour la troisième fois, il lui demandait : Est-ce que tu m'aimes ? et il répondit : Seigneur, tu sais tout, tu sais bien que je t'aime. Jésus lui dit : Sois le berger de mes brebis »* (*Jn* 21, 15-17). Non pas tes brebis, non pas les vôtres, mais les miennes ! C'est lui, en effet, qui a créé l'homme. C'est lui qui l'a racheté. C'est lui qui nous a tous rachetés, jusqu'au dernier, au prix de son sang !

## *Pasteur*

La tradition chrétienne a recueilli en trois figures l'image biblique du pasteur : il est celui qui porte sur ses épaules la brebis perdue ; celui qui conduit son troupeau sur des prés d'herbe fraîche ; celui qui, avec son bâton, rassemble ses brebis et les protège contre les dangers.

Dans ces trois images, c'est le même message qui revient : *le pasteur est pour les brebis et non les brebis pour le pasteur.* Il leur est tellement lié, s'il est un vrai pasteur, qu'il est prêt à *donner sa vie pour ses brebis* (cf. *Jn* 10, 11). Tous les ans, pendant la XXIV<sup>e</sup> et la XXV<sup>e</sup> semaines du temps ordinaire, dans la *Liturgie des Heures* est présentée la longue *Homélie sur les pasteurs* de saint Augustin (cf. *Office des Lectures*). Se référant au Livre du prophète Ezéchiel, l'évêque d'Hippone réprimande avec force les mauvais pasteurs, c'est-à-dire ceux qui prennent soin non pas des brebis mais d'eux-mêmes : « Voyons ce que dit la parole divine, qui ne ménage personne, aux pasteurs qui cherchent leur nourriture et non celle de leur brebis : "Vous avez bu leur lait, vous vous êtes habillés avec leur laine, vous avez égorgé les brebis grasses, vous n'étiez pas des bergers pour mon troupeau. Vous n'avez pas rendu des forces à la brebis chétive, guéri celle qui était faible, soigné celle qui était blessée. Vous n'avez pas ramené la brebis égarée, cherché celle qui était perdue ; celle qui était forte vous l'avez accablée. Mes brebis se sont dispersées parce qu'il n'y a pas de berger » (*Office des Lectures*, XXIV<sup>e</sup> semaine, lundi). Saint Augustin conclut tout de même sur une affirmation pleine d'optimisme : « Les bons pasteurs ne manquent pas, mais ils se trouvent en un seul. [...] Tous les bons pasteurs se retrouvent en un seul, ils ne font qu'un. Ils font paître les brebis, et c'est le Christ qui les fait paître, [...] c'est sa voix qui est en eux, c'est sa charité qui est en eux » (*Office des Lectures*, XXV<sup>e</sup> semaine, vendredi).

A cet égard, les considérations que nous a laissées saint Grégoire le Grand sont impressionnantes, elles aussi : « Le monde est rempli de prêtres, mais on rencontre rarement un ouvrier dans la moisson de Dieu ; nous acceptons bien la fonction sacerdotale, mais nous ne faisons pas le travail de cette fonction. [...] Nous abandonnons le ministère de la prédication et c'est pour notre châtiment, je crois, qu'on nous appelle évêques, car nous en avons le titre, mais nous n'en avons pas la valeur. En effet, ceux qui nous ont été confiés abandonnent Dieu, et nous nous taisons » (*Liturgie des Heures, Office des Lectures*, XXVII<sup>e</sup> semaine du temps ordinaire, samedi). Tel est le rappel annuel que la liturgie adresse à notre conscience en nous exhortant au sens de la responsabilité envers l'Eglise.

### « *Je connais mes brebis* » *(*Jn *10, 14)*

Le bon pasteur connaît ses brebis et ses brebis le connaissent (cf. *Jn* 10, 14). C'est assurément la tâche de l'évêque de s'employer avec prudence à ce que le plus grand nombre possible des personnes, qui forment avec lui l'Eglise locale, puissent le connaître directement. Pour sa part, il cherchera à leur être proche, de façon à connaître leurs conditions de vie, ce qui réjouit leur cœur et ce qui le trouble. La base de cette connaissance réciproque n'est pas tant constituée par les rencontres occasionnelles que par un intérêt authentique pour ce qui se passe dans le cœur humain, indépendamment de l'âge, de la condition sociale ou de la nationalité de chacun. C'est un intérêt qui rejoint aussi bien ceux qui sont proches que ceux qui sont loin (cf. Décret sur la charge pastorale des évêques *Christus Dominus*, n. 16). Il est difficile de formuler une théorie systématique sur la manière d'entrer en relation avec les personnes. Toutefois, pour ma part, j'ai été beaucoup aidé par le personnalisme, que j'ai approfondi durant mes études de philosophie. Tout homme est une personne unique et c'est pourquoi personne ne peut programmer *a priori* un certain type de relation qui soit adaptable à tous ; il faut, pour ainsi dire, l'apprendre dans toute situation en partant de rien. C'est ce qu'exprime de façon efficace la poésie de Jerzy Liebert :

> *Je suis en train de t'apprendre, homme,*
> *Je t'apprends peu à peu.*
> *De cette étude difficile*
> *le cœur se réjouit et souffre.*

*(Poezje*, Varsovie, 1983, p. 144.)

Il est très important pour un évêque d'avoir un bon contact avec les personnes et d'acquérir la capacité d'entrer en relation avec elles d'une manière adaptée. En ce qui me concerne, il est significatif que je n'ai jamais eu l'impression d'avoir un nombre de rencontres excessif. Quoi qu'il en soit, ma préoccupation constante a été de conserver dans chaque cas le caractère personnel de chaque relation. Chacune est un chapitre en elle-même. J'ai toujours agi selon cette conviction. Mais je me rends compte que ce charisme ne peut pas s'apprendre. C'est quelque chose que l'on possède tout naturellement, parce que cela vient de l'intérieur.

L'intérêt pour autrui commence dans la prière de l'évêque, dans son colloque avec le Christ qui lui confie « *les siens* ». La prière le prépare à ces rencontres avec les autres. Dès lors que l'esprit est ouvert, ces rencontres permettent de se connaître et de se comprendre réciproquement, même quand on a peu de temps. Moi, je prie simplement pour tous, jour après jour. Quand je rencontre une personne, je prie déjà pour elle, et cela facilite toujours la relation. Il m'est difficile de dire comment les personnes perçoivent cela, il faudrait le leur demander. Toutefois j'ai pour principe d'accueillir chacun comme une personne que le Seigneur m'envoie et qu'en même temps il me confie.

Je n'aime pas l'expression « masse », qui a un fort goût d'anonymat ; je préfère le terme de « multitude » (en grec πληθος : cf. *Mc* 3, 7 ; *Lc* 6, 17 ; *Ac* 2, 6 ; 14, 1, etc.). Le Christ marchait sur les routes de Palestine et souvent de grandes « multitudes » de personnes le suivaient ; il en était de même pour les apôtres. Naturellement la charge que j'exerce m'amène à rencontrer beaucoup de personnes, parfois de véritables multitudes. Il en a été ainsi, par exemple, à Manille, où il y avait des millions de jeunes. Mais dans ce cas il n'aurait pas été juste de parler de masse anonyme. Il s'agissait d'une communauté animée par un idéal commun. Il fut donc facile d'établir un contact. Et c'est ce qui arrive un peu partout.

A Manille, j'avais devant les yeux toute l'Asie. Combien de chrétiens et combien de millions de personnes qui, sur ce continent, ne connaissent pas encore le Christ ! J'espère grandement dans la dynamique Eglise aux Philippines et en Corée. L'Asie : voilà notre tâche à tous pour le troisième millénaire !

## *L'administration des sacrements*

Les sacrements constituent le plus grand trésor, la plus grande richesse dont dispose un évêque. Les prêtres, ordonnés par lui, lui apportent leur aide pour les administrer. Ce trésor a été déposé par le Christ entre les mains des apôtres et de leurs successeurs en vertu de son « testament », en prenant ce terme aussi bien dans son sens théologique le plus profond que dans son acception simplement humaine. Le Christ, *« sachant que l'heure était venue pour lui de passer de ce monde à son père »* (*Jn* 13, 1), « en nourriture aux douze apôtres, se donne de ses mains » (Hymne *Pange lingua*), leur recommandant de répéter le rite de la cène « en mémoire de lui » : rompre le pain et offrir la coupe du vin, signes sacramentels de son corps « livré » et de son sang « versé ». Par la suite, après sa mort et sa résurrection, il leur

71

confia le ministère de la rémission des péchés et l'administration des autres sacrements, à commencer par le baptême. Les apôtres transmirent ce trésor à leurs successeurs. Outre l'annonce de la parole, l'administration des sacrements est donc la première tâche des évêques, à laquelle doivent être subordonnées toutes les autres charges. Dans la vie et dans l'action de l'évêque, tout doit être ordonné à ce but.

Nous savons que pour cela nous avons besoin d'aide : « Aujourd'hui encore, Seigneur, viens en aide à notre faiblesse et donne-nous les collaborateurs dont nous avons besoin pour exercer le sacerdoce apostolique » (Pontifical romain, *Ordination des prêtres*). C'est le motif pour lequel nous choisissons et préparons des candidats idoines, et nous les ordonnons ensuite prêtres et diacres. Avec nous, ils ont pour tâche d'annoncer la parole et d'administrer les sacrements.

Telle est la perspective qui doit éclairer et ordonner les travaux de chaque jour, les engagements qui remplissent nos agendas. Il ne s'agit évidemment pas seulement de célébrer l'eucharistie ou de conférer la confirmation en nous tenant au centre de l'assemblée ecclésiale, mais aussi d'administrer le baptême aux enfants et surtout aux adultes, qui sont préparés par la communauté de l'Eglise locale à devenir disciples du Christ. Il ne faut pas non plus sous-évaluer la célébration personnelle du sacrement de la pénitence, ni la visite aux malades avec l'administration de l'onction des malades instituée spécialement pour eux. Parmi les tâches de l'évêque, il faut relever aussi la sollicitude pour la sainteté du mariage, qu'il doit manifester par l'intermédiaire de l'action des curés mais aussi personnellement, en présidant, quand c'est possible, la bénédiction des mariages.

Naturellement, en tant que collaborateurs de l'évêque, les prêtres assurent la plus grande partie de ces missions. Toutefois l'engagement personnel du pasteur diocésain dans la célébration des sacrements constitue un bon exemple pour le peuple de Dieu qui lui est confié, tant pour les laïcs que pour les prêtres. Pour tous, c'est le signe le plus clair de son lien avec le Christ, présent et agissant dans tous les mystères sacramentels. Le Christ lui-même désire que nous soyons des instruments de l'œuvre du salut qu'il réalise à travers les sacrements de l'Eglise. Précisément dans ces signes efficaces de la grâce, avec les yeux de l'âme, on voit le visage du Christ, Sauveur miséricordieux et Bon Pasteur. Un évêque qui administre personnellement les sacrements se présente bien évidemment devant tous comme signe du Christ toujours vivant et agissant dans son Eglise.

## Les visites pastorales

Comme je l'ai déjà rappelé, je me rendais régulièrement à l'évêché pour travailler, mais j'appréciais tout particulièrement les visites pastorales.

Elles me plaisaient beaucoup parce qu'elles me donnaient la possibilité d'entrer en contact direct avec les personnes. J'avais alors plus vivement le sentiment de les « former ». Des prêtres et des laïcs venaient me trouver, des familles, des jeunes et des vieux, des bien-portants et des malades, des parents avec leurs enfants et leurs problèmes ; tous venaient pour toutes sortes de raisons. C'était la vie.

Je me souviens bien de ma première visite pastorale à Mucharz, près de Wadowice. Il y avait là un vieux curé, un prêtre de qualité, un prélat. Il s'appelait Józef Motyka. Il savait que c'était ma première visite pastorale et il en était ému. Il dit que pour lui c'était peut-être la dernière. Il jugeait qu'il devait être un guide pour moi. La visite s'étendait à toute la préfecture et elle dura deux mois, mai et juin. Après les vacances, je visitai ma préfecture d'origine, celle de Wadowice.

Les visites pastorales se faisaient au printemps et à l'automne. Je n'ai pas eu le temps de visiter toutes les paroisses, qui étaient plus de trois cents (bien que je sois resté vingt ans évêque à Cracovie, je n'ai pas eu le temps de les achever). Je me rappelle que la dernière paroisse de l'archidiocèse de Cracovie que je visitai fut celle de Saint-Joseph à Złote Łany, dans un nouveau quartier résidentiel de Bielsko-Biała. Dans cette ville, le curé de la paroisse de la Divine-Providence était l'abbé Józef Sanak, chez qui je passai la nuit. Au retour de cette visite pastorale, je célébrai la messe pour le défunt pape Jean-Paul I<sup>er</sup>, et je me rendis à Varsovie pour participer aux travaux de la conférence épiscopale, puis je partis pour Rome... sans me douter que je devais y rester.

Mes visites pastorales duraient assez longtemps : c'est peut-être pour cela que je n'ai pas eu le temps de visiter toutes les paroisses. J'avais élaboré un modèle personnel de réalisation de cette tâche pastorale. Il existait en effet un modèle traditionnel et c'est avec lui que je commençai à Mucharz, comme je l'ai déjà mentionné. Le vieux prélat que j'y rencontrai fut pour moi un guide précieux dans ce domaine. Mais par la suite, en fonction de l'expérience que je faisais peu à peu, je jugeai utile d'apporter des innovations. Le caractère plutôt juridique que l'on donnait auparavant à la visite ne me plaisait guère ; je voulais y introduire davantage de contenu pastoral.

J'élaborai donc un nouveau schéma. La visite commençait toujours par la cérémonie de bienvenue, à laquelle participaient diverses personnes et différents groupes : adultes, enfants et jeunes. Ensuite j'étais introduit dans l'église où je prononçais un discours avec l'intention d'établir un premier contact avec les gens. Le jour suivant, j'allais tout d'abord au confessionnal où je restais une ou deux heures, selon les circonstances, pour recevoir les pénitents.

Puis venaient la messe et les visites dans les maisons, avant tout chez les malades, mais pas exclusivement. Malheureusement les communistes ne permettaient pas d'entrer dans les hôpitaux. Les malades étaient transportés à l'église pour une rencontre avec eux. La personne qui dans le diocèse s'occupait de cet aspect de la visite était la servante de Dieu Hanna Chrzanowska. J'ai toujours eu une claire conscience de l'apport fondamental qu'apportent à la vie de l'Eglise les personnes qui souffrent. Je me rappelle que, lors des premières rencontres, les malades m'intimidaient. Il fallait une bonne dose de courage pour se présenter devant ceux qui souffraient et entrer en un sens dans leur douleur physique et spirituelle, sans se laisser conditionner par la gêne éprouvée, mais en réussissant à montrer au moins un minimum de compassion affectueuse. Le sens profond du mystère de la souffrance humaine se dévoila à moi plus tard. Dans la faiblesse des malades, j'ai vu toujours plus clairement apparaître la force, la force de la miséricorde. En un sens, les malades « provoquent » la miséricorde. Par leur prière et leur offrande, non seulement ils obtiennent miséricorde, mais ils constituent l'« espace de la miséricorde », ou mieux ils « ouvrent des espaces » à la miséricorde. Par leur maladie et par leur souffrance, en effet, ils provoquent des actes de miséricorde et ils ouvrent à leur possible accomplissement. J'avais l'habitude de confier aux malades les problèmes de l'Eglise, et le résultat était toujours très positif. Pendant les visites pastorales, j'administrais aussi les sacrements : je confirmais les jeunes et je bénissais les mariages.

Et puis je rencontrais séparément les divers groupes : par exemple, les enseignants, les personnes qui travaillaient dans la paroisse, les jeunes. Il y avait aussi une rencontre spéciale dans l'église avec tous les couples : elle commençait par la messe et se concluait par une bénédiction spéciale, donnée à chaque couple séparément. Au cours de ce type de rencontres, il y avait évidemment une homélie destinée spécifiquement aux couples. J'éprouvais toujours une émotion particulière à rencontrer les familles nombreuses, comme aussi les mères qui attendaient la naissance d'un enfant Je voulais exprimer mon estime pour la maternité et la paternité. Dès le début de mon sacerdoce, j'ai cultivé l'engagement pastoral envers les couples et les familles. En tant qu'aumônier universitaire, j'avais l'habitude d'organiser des cours de préparation au mariage et, plus tard, comme évêque, j'ai promu la pastorale des familles. C'est de ces expériences, de ces rencontres avec les fiancés, avec les époux et avec les familles que sont nés le drame poétique *La Boutique de l'orfèvre* et le livre *Amour et responsabilité*, puis, plus récemment, la *Lettre aux familles*.

Il y avait aussi les rencontres individuelles avec les prêtres. Je voulais donner à chacun l'occasion de se confier, partageant les joies et les préoccupations de leur ministère. Pour moi, ces rencontres se révélèrent des occasions précieuses pour recevoir d'eux des trésors de sagesse accumulés durant des années de labeur apostolique.

77

Le déroulement de la visite pastorale dépendait des particularités de chaque paroisse. Il y avait en effet des situations très différentes les unes des autres. La visite à la communauté paroissiale de la basilique Notre-Dame de l'Assomption à Cracovie, par exemple, dura deux mois : il y avait là en effet beaucoup d'églises et de chapelles. Le cas de Nowa Huta* était complètement différent : là, il n'y avait pas d'église, bien qu'il y eût des dizaines de milliers d'habitants. Il existait seulement une petite chapelle, annexe de la vieille école. Il faut tenir compte du fait que nous étions au temps de l'après-Staline et que se poursuivait la lutte contre la religion. Dans une « ville socialiste » comme devait l'être Nowa Huta, le gouvernement n'autorisait pas la construction de nouvelles églises.

### Le combat pour l'Eglise

A Cracovie-Nowa Huta, justement, fut livrée une dure bataille pour la construction de l'église. Dans ce quartier habitaient des milliers de personnes, en grande partie des travailleurs d'une grande industrie métallurgique, venus de toute la Pologne. Selon le projet des autorités, Nowa Huta devait être un quartier exemplairement « socialiste », c'est-à-dire privé de tout lien avec l'Eglise. Il n'était pourtant pas possible de faire comme si ces personnes, venues là à la recherche d'un

78

travail, pouvaient renoncer à leurs racines catholiques.

Le combat commença dans un grand quartier résidentiel à Bieńczyce*. Au début, après les premières pressions, les autorités communistes concédèrent l'autorisation de construire l'église et elles assignèrent même le terrain. La population y mit tout de suite une croix. Mais ensuite l'autorisation, accordée à l'époque de Mgr l'archevêque Baziak, fut retirée et les autorités décidèrent que la croix serait enlevée. La population s'y opposa fermement. Et il s'ensuivit une véritable bataille avec la police : il y eut des victimes, des blessés. Le maire de la ville demandait de « calmer la population ». Ce fut l'un des premiers actes du long combat pour la liberté et pour la dignité de cette population que le sort avait placée dans la partie nouvelle de Cracovie.

A la fin la bataille fut remportée, mais au prix d'une épuisante « guerre des nerfs ». Je dirigeais les tractations avec les autorités, principalement avec le chef du bureau provincial pour les Questions des confessions. C'était un homme au comportement correct au cours des colloques, mais particulièrement dur et intransigeant dans les décisions qui suivaient, et qui laissaient transparaître un esprit malveillant et prévenu.

Le curé, l'abbé Józef Gorzelany, se chargea de la construction de l'église, et il mena cette mission à bonne fin. L'invitation adressée aux paroissiens d'apporter chacun une pierre pour la construction des fondations et des murs fut une sage initiative pastorale. Ainsi chacun se sentit impliqué personnellement dans l'édification des murs de la nouvelle église.

Nous avons vécu une situation semblable au centre pastoral de Mistrzejowice. Le protagoniste de cette péripétie fut l'héroïque prêtre Józef Kurzeja, qui vint me trouver et s'offrit spontanément pour aller exercer son ministère dans ce quartier. Il y avait là un petit édifice dans lequel il se proposa de commencer la catéchèse, dans l'espoir de pouvoir y créer peu à peu une nouvelle paroisse. C'est ce qui arriva, mais l'abbé Józef paya de sa vie les luttes pour l'église de Mistrzejowice. En butte aux vexations des autorités communistes, il eut un infarctus et mourut à trente-neuf ans.

Dans le combat pour l'église de Mistrzejowice, il fut aidé par l'abbé Mikołaj Kuczkowski. Celui-ci était originaire de Wadowice, comme moi. Je me souviens de lui quand il était encore avocat et qu'il était fiancé avec Nastka, une belle jeune fille, présidente de l'Association catholique des jeunes. Lorsque cette dernière mourut, il décida de devenir prêtre. En 1939 il entra au séminaire et commença des études de philosophie et de théologie. Il les acheva en 1945. J'avais avec lui des contacts très étroits, et lui aussi m'aimait bien. Il avait l'intention de « faire de moi quelqu'un », comme on dit. Après ma consécration épiscopale, il s'occupa personnellement de mon déménagement à la résidence des évêques de Cracovie, 3, rue Franciszkańska. J'ai eu bien souvent l'occasion de constater à quel point il aimait l'abbé Józef Kurzeja, le premier curé de Mistrzejowice. Quant à l'abbé Józef lui-même, je peux dire que c'était un homme simple et bon (l'une de ses sœurs est religieuse chez les Servantes du Sacré-Cœur). Comme je l'ai dit, l'abbé Kuczkowski l'aida beaucoup dans son activité personnelle, et quand l'abbé Józef mourut, il démissionna de sa charge de chancelier de l'évêché pour prendre sa succession dans la paroisse de Mistrzejowice. Ils sont enterrés là tous les deux, dans la crypte sous l'église qu'ils ont construite.

Je pourrais raconter beaucoup de choses sur eux. Ils restent pour moi un exemple éloquent de fraternité sacerdotale que, comme évêque, j'ai observé et encouragé avec admiration : « Un ami fidèle est un refuge assuré, celui qui en trouve un a trouvé un trésor » (Si 6, 14). L'amitié authentique a sa source dans le Christ : « Je vous appelle mes amis... » (Jn 15, 15).

C'est Mgr Ignacy Tokarczuk, pasteur du diocèse voisin de Przemyśl, qui a promu efficacement la question de la construction des églises en République populaire de Pologne. Il les construisait en défiant la loi, au prix de nombreux sacrifices et de beaucoup de vexations de la part des autorités communistes locales. Dans son cas toutefois, la situation présentait un certain avantage, car les communautés de son diocèse étaient constituées en majorité par des communes rurales, et c'était là un milieu moins difficile ; en effet, la population des campagnes, hormis le fait qu'elle était plus sensible au facteur religieux, était aussi moins soumise qu'en ville au contrôle de la police.

Je pense avec gratitude et admiration aux curés qui ont construit des églises durant cette période. Mon admiration s'étend à tous les bâtisseurs d'églises dans toutes les parties du monde. J'ai toujours essayé de les soutenir. Les messes de minuit de Noël célébrées en plein air à Nowa Huta, malgré le gel, furent une manifestation de ce soutien. Déjà auparavant je les avais célébrées à Bieńczyce et plus tard aussi à Mistrzejowice et sur les collines de Krzesławice. Cela constituait, dans les tractations avec les autorités, un argument de plus revendiquant le droit des fidèles à avoir des conditions humaines dans les manifestations publiques de leur foi.

J'ai mentionné tout cela parce que nos expériences d'alors montrent à quel point les tâches pastorales d'un évêque peuvent se révéler variées. Dans ces vicissitudes, il y a l'écho de ce que vit un pasteur au contact avec le troupeau qui lui est confié. J'ai pu constater personnellement la vérité de ce qui, dans l'Evangile, est dit des brebis qui suivent leur pasteur : *« Elles ne suivent pas un inconnu car elles connaissent la voix de leur pasteur. Mais il sait qu'il a d'autres brebis qui ne sont pas de sa bergerie. Celles-là aussi, il faut qu'il les conduise »* (*Jn* 10, 4-5.16).

# TROISIÈME PARTIE

# ENGAGEMENT SCIENTIFIQUE ET PASTORAL

*« ... remplis de bons sentiments, en pleine possession du don de science » (Rm 15, 14)*

## La faculté de théologie dans le cadre des autres facultés universitaires

En tant qu'évêque de Cracovie, je me suis senti obligé de prendre la défense de la faculté de théologie instituée auprès de l'université Jagellon. Je jugeais que c'était mon devoir. Les autorités de l'Etat soutenaient que cette faculté avait été transférée à Varsovie. Le prétexte sur lequel elles s'appuyaient était l'institution à Varsovie, en 1953, de l'Académie de théologie catholique, placée sous l'administration de l'Etat. Ce combat fut remporté grâce au fait que, plus tard, naquit à Cracovie la faculté pontificale autonome de théologie, puis l'Académie pontificale de théologie.

J'étais soutenu dans ce combat par la conviction que la science, dans ses manifestations multidisciplinaires, est un patrimoine inestimable pour une nation. Evidemment, dans le dialogue avec les autorités communistes, l'objet de ma défense était avant tout la théologie, car ce domaine était particulièrement menacé. Mais je n'ai jamais oublié les autres branches du savoir, même celles qui en apparence n'étaient pas liées à la théologie.

J'entretenais des contacts avec les autres domaines de la science, principalement par l'intermédiaire de physiciens. Nous nous rencontrions souvent et nous parlions des plus récentes découvertes en cosmologie. C'était une démarche fascinante qui confirmait l'affirmation de saint Paul selon laquelle une certaine connaissance de Dieu peut être atteinte aussi à travers la connaissance du monde créé (cf. *Rm* 1, 20-23). Ces rencontres de Cracovie se poursuivent de temps en temps à Rome et à Castel Gandolfo. Elles sont organisées par le Pr Jerzy Janik.

J'ai toujours eu la préoccupation que soit organisée une pastorale appropriée des scientifiques. Leur aumônier à Cracovie fut longtemps le Pr Stanisław Nagy, prêtre que j'ai élevé récemment à la dignité cardinalice. Par ce geste, j'ai voulu exprimer aussi ma reconnaissance à la science polonaise.


*L'évêque et le monde de la culture*


On sait que les évêques ne se montrent pas tous particulièrement intéressés par le dialogue avec les chercheurs. Nombre d'entre eux privilégient les tâches pastorales, au sens le plus large du terme, par rapport au contact avec les hommes de science. Pourtant, à mon sens, il vaut la peine que des membres du clergé, prêtres et évêques, entre-tiennent des rapports personnels avec le monde de la science et avec ses protagonistes. En particulier, l'évêque devrait avoir soin de ses Instituts supé-rieurs catholiques. Il devrait aussi maintenir un contact étroit avec toute la vie universitaire : lire, rencontrer, discuter, s'informer sur ce qui se passe dans ce milieu. Il est évident que l'évêque lui-même n'est pas appelé à être un scientifique, mais un pasteur. Néanmoins, comme pasteur, il ne peut se désintéresser de cette composante de son trou-peau, car il lui revient de rappeler aux chercheurs le devoir de servir la vérité et de promouvoir ainsi le bien commun.

A Cracovie, j'ai également cherché à maintenir des relations suivies avec les philosophes : Roman Ingarden, Władysław Stróżewski, Andrzej Półtaw-ski, et aussi avec les prêtres-philosophes : Kazi-mierz Kłósak, Józef Tischner et Józef Życiński Ma position philosophique personnelle se situe, pour ainsi dire, entre deux pôles : le thomisme aristotélicien et la phénoménologie. J'étais parti-culièrement intéressé par la pensée d'Edith Stein, une figure extraordinaire notamment en raison de son itinéraire existentiel : juive née à Wrocław, elle rencontra le Christ, se fit baptiser, entra au couvent des Carmélites, séjourna un certain temps aux Pays-Bas, d'où les nazis la déportèrent à Auschwitz. Là elle fut mise à mort dans les chambres à gaz et son corps fut brûlé dans les fours crématoires. Elle avait étudié avec Husserl et elle était collègue de notre philosophe Ingarden. J'ai eu la joie de la béatifier à Cologne, puis de la canoniser à Rome. J'ai proclamé Edith Stein, sœur Thérèse-Bénédicte de la Croix, copatronne de l'Europe, avec sainte Brigitte de Suède et sainte Catherine de Sienne. Trois femmes à côté de trois patrons : Benoît, Cyrille et Méthode.

Sa philosophie m'intéressait, je lisais ses écrits, en particulier *Endliches und ewiges Sein*, mais surtout j'étais fasciné par sa vie extraordinaire et par son sort tragique partagé par des millions d'autres victimes sans défense de notre époque. Disciple d'Edmund Husserl, chercheuse passionnée de la vérité, moniale cloîtrée, victime du système hitlérien : vraiment une « vie humaine » plus que singulière...

## Les livres et l'étude

Les charges qui tombent sur les épaules d'un évêque sont nombreuses. J'en ai fait personnellement l'expérience et je me suis rendu compte combien le temps pouvait vraiment manquer. Mais cette expérience m'a aussi enseigné à quel point le silence et l'étude sont nécessaires à l'évêque. Il a besoin d'une profonde formation théologique constamment mise à jour, et aussi d'un intérêt plus large pour la vie intellectuelle et pour la parole. Ce sont là des trésors que partagent entre eux ceux qui réfléchissent. C'est pourquoi je voudrais dire ici quelque chose sur le rôle de la lecture dans ma vie d'évêque.

J'ai toujours eu le dilemme : que faut-il lire ? J'essayais de choisir ce qui était le plus essentiel. La production éditoriale est si vaste ! Cela ne signifie pas que tous les livres ont la même valeur et que tous sont également profitables. Il faut savoir choisir et demander conseil sur ce qui mérite d'être lu.

Mon amour des livres remonte à mon enfance. Mon père m'avait donné le goût de la lecture. Il avait coutume de s'asseoir à côté de moi et de me lire, par exemple, Sienkiewicz ou d'autres écrivains polonais. A la mort de ma mère, nous sommes restés tous les deux : lui et moi. Et il ne cessait de m'initier à la connaissance de la littérature de valeur. Jamais non plus il n'avait mis d'obstacle à mon intérêt pour le théâtre. Si la guerre n'avait pas éclaté et si la situation n'avait pas changé radicalement, peut-être les perspectives que m'ouvraient les études académiques m'auraient-elles absorbé complètement. Quand j'informai Mieczysław Kotlarczyk de ma décision de devenir prêtre, il s'exclama : « Que vas-tu faire là ? Tu veux gaspiller le talent que tu as ? » Seul Mgr Sapieha n'eut pas de doute.

Quand j'étais étudiant en lettres, je découvris des auteurs variés. Je me tournai d'abord vers la littérature, spécialement la littérature dramatique. Je lisais Shakespeare, Molière, les poètes polonais Norwid, Wyspiański. Evidemment Aleksander

Fredro*. Ma passion était de devenir acteur, de jouer sur scène. Souvent j'imaginais les rôles que j'aurais aimé représenter ! Avec Kotlarczyk, nous nous amusions à nous attribuer les rôles possibles et à nous demander qui aurait pu représenter tel personnage. Ce sont des choses du passé. Par la suite, quelqu'un m'a dit : « Tu es doué... Tu aurais été un grand acteur si tu étais resté au théâtre. »

La liturgie est aussi une sorte de *mysterium* représenté, mis en scène. Je me souviens de la grande émotion que je ressentis lorsque l'abbé Figlewicz m'invita, moi qui avais quinze ans, au *Triduum* pascal qui se déroulait au Wawel et que je pris part à l'Office des Lectures, anticipé à l'après-midi du mercredi. Ce fut pour moi un choc spirituel, et aujourd'hui encore, le *Triduum* pascal est pour moi une expérience déroutante.

Puis vint le temps de la lecture de la littérature philosophique et théologique. Comme séminariste clandestin, je reçus le manuel de métaphysique du Pr Kazimierz Wais, de Lvov. L'abbé Kazimierz Kłósak me dit   « Etudie-le. Quand tu l'auras appris, tu passeras l'examen. » Pendant plusieurs mois je me plongeai dans ce texte. Puis je me présentai à l'examen et je fus reçu. Cela marqua un tournant dans ma vie. Un monde nouveau s'ouvrit à moi. Je commençai à me risquer dans les livres de théologie. Plus tard, à Rome, durant les études, je me mis à approfondir la *Summa Theologiæ* de saint Thomas.

Il y eut donc deux étapes dans mon itinéraire intellectuel · la première consista dans le passage d'une pensée de type littéraire à la métaphysique ; la seconde me mena de la métaphysique à la phénoménologie. Tel fut mon apprentissage scientifique. La première étape coïncida, du moins à ses débuts, avec la période de l'occupation nazie, quand je travaillais à l'usine Solvay et que j'étudiais la théologie en cachette au séminaire. Je me rappelle que lorsque je me présentai au recteur, l'abbé Jan Piwowarczyk, il me dit : « Je vous accepte, mais même votre mère ne doit pas savoir que vous étudiez ici. » Telle était alors la situation. Je réussis tout de même à aller de l'avant. Plus tard, l'abbé Ignacy Różycki m'aida beaucoup, lui qui m'offrit le logement chez lui et me fournit les bases pour le travail scientifique.

Beaucoup plus tard, le Pr Różycki me proposa mon sujet de thèse pour l'habilitation doctorale qui portait sur l'œuvre de Max Scheler *Le Formatisme en l'éthique et l'éthique matérielle des valeurs*. Je traduisis le livre en polonais pour mon propre compte, tandis que je rédigeais le texte de ma thèse. Ce fut un nouveau tournant. Je défendis ma thèse en novembre 1953. Les rapporteurs de la dissertation étaient l'abbé Aleksander Usowicz, Stefan Świeżawski et le théologien Władysław Wicher. Ce fut la dernière habilitation pour la chaire d'enseignement dans la faculté de théologie de l'université Jagellon, avant sa suppression par les communistes. La faculté, comme je l'ai rappelé ci-dessus, fut transférée auprès de l'Académie de théologie catholique de Varsovie. Ensuite, à partir de l'automne 1954, je commençai à enseigner à l'université catholique de Lublin, activité qui me fut rendue possible par le Pr Świeżawski, avec lequel s'établit une amitié qui dure encore aujourd'hui.

J'aimais bien l'abbé Różycki, que j'appelais Ignac. Et lui-même me vouait une égale amitié. C'est lui qui m'encouragea à me présenter à l'examen d'habilitation pour la chaire d'enseignement, ayant un rôle équivalent à celui de modérateur. Nous avons habité ensemble pendant quelques années, nous prenions ensemble nos repas. Mme Maria Gromek nous faisait la cuisine. J'avais là une chambre dont je me souviens parfaitement. C'était dans la résidence des chanoines du Wawel située 19, rue Kanoniczna, et ce fut ma « maison » durant six ans. Par la suite je m'installai au numéro 21 et finalement, grâce au chancelier Mikołaj Kuczkowski, je me transférai au palais épiscopal, 3, rue Franciszkańska.

Dans mes lectures et dans mes études, j'ai toujours cherché à unir d'une façon harmonieuse les dimensions de la foi, de l'intelligence et du cœur. Car ce ne sont pas des domaines séparés. Chacun d'eux pénètre et anime les autres. Dans cette relation mutuelle entre la foi, l'intelligence et le cœur, ce qui exerce une particulière influence c'est l'étonnement qui jaillit du miracle de la personne, de la ressemblance de l'homme avec Dieu Un et Trine, du très profond rapport entre l'amour et la vérité, du mystère du don mutuel et de la vie qui en naît, de la contemplation de la succession des générations humaines.

## Les enfants et les jeunes

Dans ma présente réflexion, je veux donner une place spéciale aux enfants et aux jeunes. Hormis les rencontres que j'ai eues avec eux, au cours de mes visites pastorales, j'ai toujours accordé une grande attention au monde étudiant, en particulier au monde universitaire, notamment parce que la ville de Cracovie est, par tradition, un centre vivant d'études académiques. Je conserve de très beaux souvenirs de la pastorale universitaire. Les occasions de rencontres étaient les plus diverses : des conférences et des débats jusqu'aux retraites et aux Exercices spirituels. Evidemment je maintenais des contacts étroits avec les prêtres chargés de la pastorale dans ce secteur.

Les communistes avaient supprimé toutes les associations catholiques pour la jeunesse. Il fallait donc trouver la façon de remédier à ce manque. Et c'est là qu'entra en scène l'abbé Franciszek Blachnicki, aujourd'hui serviteur de Dieu. Il fut l'initiateur de ce que l'on a appelé « Mouvement des oasis ». J'ai été beaucoup lié à ce mouvement et j'ai essayé de l'aider de toutes manières. J'ai défendu les « oasis » contre les autorités communistes, je les ai soutenues matériellement et, évidemment, je prenais part à leurs rencontres.

Lorsque les vacances arrivaient, je rejoignais souvent les « oasis », c'est-à-dire les camps d'été organisés pour les jeunes appartenant au mouvement. J'y prêchais, je parlais avec les jeunes, je m'unissais à leurs chants autour du feu, je participais à leurs excursions en montagne. Souvent je célébrais la messe pour eux en plein air. Tout cela formait un programme pastoral plutôt intensif.

Pendant le pèlerinage de 2002 dans ma Cracovie, les membres des oasis ont chanté :

*Tu es venu sur le rivage ;*
*Tu recherchais ni des sages ni des riches,*
*Tu as seulement demandé que je te suive.*

*Seigneur, tu m'as regardé dans les yeux,*
*en souriant, tu as prononcé mon nom.*
*Ma barque, je l'ai laissée sur le rivage,*
*avec toi je franchirai une autre mer.*

Je leur ai dit qu'en un sens ce chant des oasis m'avait conduit hors de ma patrie, jusqu'à Rome. Son contenu profond m'avait soutenu même quand j'ai été affronté à la décision prise par le conclave. Et ensuite, tout au long de mon pontificat, jamais je ne me suis détaché de ce chant. Du reste, il m'était constamment rappelé, non seulement en Pologne, mais aussi dans d'autres pays du monde. L'écouter me ramenait toujours à mes rencontres comme évêque avec les jeunes. J'évalue très positivement cette grande expérience. Je l'ai apportée avec moi à Rome. Ici aussi j'ai essayé d'en tirer des fruits, multipliant les occasions de rencontrer les jeunes. Les « Journées Mondiales de la Jeunesse », en un sens, sont nées de cette expérience.

J'ai rencontré un autre mouvement de jeunes sur ma route d'évêque : le « Sacrosong ». C'était une sorte de festival de la musique et du chant religieux, accompagné de prière et de réflexion. Les rencontres se déroulaient dans diverses localités de Pologne et elles attiraient beaucoup de jeunes. J'y ai souvent participé, et j'ai soutenu leur organisation, y compris du point de vue financier. Je garde un bon souvenir de ces rencontres. J'ai toujours aimé chanter. A dire vrai, je chantais chaque fois que les circonstances le suggéraient. Mais c'est surtout avec les jeunes que j'ai toujours chanté volontiers. Les textes en étaient variés, au gré des circonstances : autour du feu, c'étaient des chants populaires, ceux des scouts ; à l'occasion des fêtes nationales, de l'anniversaire de l'entrée en guerre ou de l'insurrection de Varsovie, on chantait des chants militaires et patriotiques. Parmi ces derniers, j'aimais particulièrement *Les Coquelicots sur le mont Cassin*, *La Première Brigade* et, en général, les chants de l'insurrection et de la résistance.

Le rythme de l'année liturgique oriente d'une manière qui lui est propre le choix des chants. Pour la Nativité du Seigneur, en Pologne on chante toujours beaucoup de compositions de Noël, tandis qu'avant Pâques on se tourne plutôt

95

vers celles qui concernent la Passion. Ces chants anciens portent en eux toute la théologie chrétienne. Ils constituent le trésor de la tradition vivante, qui parle au cœur de chaque génération et forme sa foi. Durant les mois de mai et d'octobre, outre les chants à Marie, en Pologne nous chantons les Litanies et les Heures du *Petit Office de la Sainte Vierge*. Quelle richesse de poésie se trouve dans ces chants populaires, en usage jusqu'à aujourd'hui ! Comme évêque, j'ai essayé de mettre en valeur ces traditions, et les jeunes se montraient particulièrement désireux de les poursuivre. Je pense que nous tirions profit ensemble de ce trésor d'une foi simple et profonde, que nos pères avaient recueilli dans les chants.

Le 18 mai 2003, j'ai canonisé mère Urszula Ledóchowska, grande figure d'éducatrice. Elle naquit en Autriche, mais vers la fin du XIXᵉ siècle toute la famille se transféra à Lipnica Murowana dans le diocèse de Tarnów. Pendant quelques années, elle-même habita Cracovie. Sa sœur Marie-Thérèse, appelée la « mère de l'Afrique », a été béatifiée. Son frère Włodzimierz fut préposé général des Jésuites. Leur exemple montre que le désir de la sainteté se développe avec une force particulière quand il trouve autour de lui le climat favorable d'une bonne famille. Comme est important le milieu familial ! Les saints engendrent et forment des saints.

Quand je me souviens d'éducateurs de ce genre, je pense instinctivement aux enfants. Lors des visites pastorales, même celles que j'accomplis ici à Rome, j'ai toujours essayé et j'essaie de trouver le temps d'une rencontre avec les enfants. Je n'ai jamais cessé d'exhorter les prêtres à leur consacrer généreusement leur temps au confessionnal. Il est particulièrement important de bien former la conscience des enfants et des jeunes. Récemment j'ai parlé du devoir de recevoir dignement la sainte communion (cf. *Ecclesia de Eucharistia*, n. 37) ; une telle attitude se forme dès la confession qui précède la première communion. Il est probable que chacun d'entre nous est en mesure de se rappeler avec émotion sa première confession d'enfant.

Mon prédécesseur saint Pie X donna un témoignage émouvant d'amour pastoral pour les enfants par sa décision concernant la première communion. Non seulement il abaissa l'âge nécessaire pour accéder à la table du Seigneur, ce dont je profitai moi-même en mai 1929, mais il donna la possibilité de recevoir la communion même avant d'avoir sept ans accomplis si l'enfant manifeste qu'il a un discernement suffisant. La sainte communion anticipée fut une décision pastorale qui mérite d'être louée et rappelée. Elle a produit de nombreux fruits de sainteté et d'apostolat parmi les enfants, favorisant aussi l'éclosion de vocations sacerdotales.

J'ai toujours eu la conviction que sans la prière nous ne parviendrons pas à bien éduquer les enfants. Comme évêque, j'ai essayé d'encourager les familles et les communautés paroissiales à former chez les enfants le désir de rencontrer Dieu dans la prière personnelle. Dans cet esprit, j'ai écrit récemment : « Prier le Rosaire *pour ses enfants*, et mieux encore *avec ses enfants* [...], constitue une aide spirituelle à ne pas sous-estimer » (*Rosarium Virginis Mariæ*, n. 42).

La pastorale des enfants doit évidemment continuer à l'âge de leur adolescence. La confession fréquente et la direction spirituelle aident les jeunes dans le discernement de leur vocation et les protègent contre les égarements au moment de leur entrée dans la vie adulte. Je me rappelle qu'en novembre 1964, pendant une audience privée, le pape Paul VI me dit : « Aujourd'hui, cher Frère, Nous devons être très attentifs à la jeunesse étudiante. La tâche principale de notre pastorale épiscopale, ce sont les prêtres, les ouvriers et les étudiants. » Je pense que c'est l'expérience personnelle qui a dicté ces paroles. En effet, quand Giovanni Battista Montini était à la secrétairerie d'Etat, il a été engagé durant de nombreuses années dans la pastorale universitaire comme aumônier général de la Fédération universitaire catholique italienne (FUCI).

## La catéchèse

Le mandat nous a été confié d'*aller et d'enseigner toutes les nations* (cf. Mt 28, 20). Dans le contexte social actuel, nous pouvons réaliser cette tâche surtout par la catéchèse. Celle-ci doit naître aussi bien de la réflexion sur l'Évangile que de la compréhension des choses de ce monde. Il faut comprendre les expériences des hommes et le langage avec lequel ils communiquent entre eux. C'est une grande tâche pour l'Eglise. Il est en particulier nécessaire que les pasteurs sèment généreusement, même si ce sont d'autres qui récolteront les fruits de leur peine. *« Moi je vous dis : Levez les yeux et regardez les champs qui se dorent pour la moisson. Dès maintenant, le moissonneur reçoit son salaire : il récolte du fruit pour la vie éternelle, si bien que le semeur se réjouit avec le moissonneur. Il est bien vrai le proverbe : "L'un sème, l'autre moissonne." Je vous ai envoyés moissonner là où vous n'avez pas pris de peine, d'autres ont pris de la peine, et vous, vous profitez de leurs travaux »* (*Jn* 4, 35-38).

Nous savons bien que la catéchèse ne peut pas se servir uniquement de concepts abstraits. Ceux-ci sont évidemment nécessaires, parce que, quand nous parlons des réalités surnaturelles, il n'est pas possible d'éviter des concepts philosophiques. Cependant la catéchèse met à la première place l'homme et la rencontre avec lui dans les signes et dans les symboles de la foi. La catéchèse est toujours amour et responsabilité, une responsabilité qui naît de l'amour pour ceux qui se rencontrent le long du chemin.

Le nouveau *Catéchisme de l'Eglise catholique*, qui me fut présenté pour approbation en 1992, est né de la volonté de rendre le langage de la foi plus accessible aux hommes d'aujourd'hui. L'image même du Bon Pasteur qui figure comme « logo » sur la couverture de toutes les éditions du *Caté-chisme* est très significative. Elle vient d'une pierre tombale chrétienne du III$^e$ siècle, retrouvée dans les catacombes de Domitille. Comme on l'a fait remarquer, la figure suggère « le sens global du catéchisme : le Christ Bon Pasteur, qui guide et protège ses fidèles (la brebis) par son autorité (le bâton), les attire par la symphonie mélodieuse de la vérité (la flûte) et les fait reposer à l'ombre de l'"arbre de la vie", sa Croix rédemptrice, qui ouvre le Paradis » (cf. le commentaire du « logo » sur la couverture du catéchisme). Dans la vignette, on peut lire la sollicitude du Pasteur pour *chaque brebis*. Il s'agit d'une sollicitude pleine de patience, car il en faut beaucoup pour rejoindre *chaque* homme de la manière la plus appropriée. Il y a aussi le *don des langues*, le don, c'est-à-dire *le fait de parler un langage compréhensible* pour nos fidèles. Pour l'obtenir, nous pouvons implorer l'Esprit saint.

Parfois, l'évêque rejoint plus facilement les adultes en bénissant leurs enfants et en leur consa-crant un peu de temps. Cela vaut davantage qu'un long discours sur le respect pour les plus faibles. Aujourd'hui, il faut beaucoup d'imagination pour apprendre à dialoguer sur la foi et sur les questions fondamentales pour l'homme. Il faut en effet des personnes qui aiment et qui réfléchissent, car l'imagination vit d'amour et de réflexion, et c'est elle qui nourrit notre pensée et qui enflamme notre amour.

## La caritas

La sollicitude pour les plus pauvres, au sens évangélique du terme, appartient aussi aux devoirs du pasteur. Par le *Livre des Actes* et dans les *Lettres* de saint Paul, nous avons déjà connaissance des collectes déjà organisées par les Apôtres afin de pourvoir aux besoins des pauvres. Je veux évoquer ici l'exemple de saint Nicolas, qui fut évêque de Myre en Asie Mineure au cours du IVe siècle. Dans la dévotion à ce saint, dont l'épiscopat se déroula à une époque où les chrétiens d'Orient et d'Occident n'étaient pas encore divisés, on trouve les deux traditions : orientale et occidentale. Il est en effet vénéré par l'une et l'autre. Même si sa figure est accompagnée de nombreuses légendes, elle continue à exercer une fascination notable, surtout pour sa bonté. Ce sont particulièrement les enfants qui s'adressent à lui avec confiance.

Combien de questions matérielles peuvent se résoudre si l'on commence par une prière confiante ! Lorsque nous étions enfants, nous attendions tous saint Nicolas pour les dons qu'il nous apportait. Les communistes voulurent nous priver de la sainteté et, pour cela, ils inventèrent le "Grand-Père

Glace". Malheureusement, tout récemment aussi en Occident, c'est dans un contexte consumériste que Nicolas est devenu populaire. Il semble que l'on ait oublié aujourd'hui que sa bonté et sa générosité furent avant tout la mesure de sa sainteté. Il se distingua en effet comme évêque attentif aux pauvres et aux personnes dans le besoin. Je me souviens que, lorsque j'étais enfant, j'avais avec lui une relation personnelle. Naturellement, comme tout enfant, j'attendais les cadeaux qu'il m'apporterait le 6 décembre. Néanmoins, une telle attente avait aussi une dimension religieuse. Comme les enfants de mon âge, je nourrissais une vénération pour ce saint qui, de manière désintéressée, offrait des cadeaux aux gens et ce faisant leur manifestait sa sollicitude pleine d'amour.

Dans l'Eglise, la part de saint Nicolas, c'est-à-dire de celui qui a soin des besoins des plus petits, est prise en charge par une institution qualifiée, du nom de *Caritas*. Les communistes supprimèrent cette organisation, dont le protecteur avait été, après la guerre, le cardinal Sapieha. Etant son successeur, je tentai d'en reprendre les activités et de les soutenir. En ce domaine, Mgr Ferdynand Machay, archiprêtre de la basilique Notre-Dame de l'Assomption à Cracovie, m'a beaucoup aidé. Par son intermédiaire, je fis connaissance de la servante de Dieu, Hanna Chrzanowska, dont j'ai déjà parlé, fille du grand professeur Ignacy Chrzanowski, arrêté au début de la guerre. Je me souviens parfaitement de lui, bien que je n'aie pas pu le connaître de très près. Grâce à l'engagement de Hanna Chrzanowska, naquit et se développa la pastorale des malades dans l'archidiocèse. Elle prit diverses initiatives : entre autres les retraites pour les malades, à Trzebinia. Ce fut là une initiative qui se révéla d'un grand intérêt : de nombreuses personnes y contribuèrent, y compris de nombreux jeunes disposés à apporter leur aide.

Dans la Lettre apostolique à l'occasion du début du nouveau millénaire, j'ai rappelé à tous la nécessité de cultiver un amour créatif. « C'est l'heure, écrivais-je, d'une nouvelle *imagination de la charité* » (*Novo millennio ineunte*, n. 50). Comment, dans ce contexte, ne pas évoquer celle que nous connaissons comme une véritable « missionnaire de la charité », Mère Teresa ?

Dès les tout premiers jours qui suivirent mon élection au siège de Pierre, je rencontrai cette petite, grande sœur, qui depuis lors vint souvent chez moi pour me raconter où et quand elle avait réussi à ouvrir de nouvelles maisons, foyers de sollicitude à l'égard des plus pauvres. Après la chute du parti communiste en Albanie, j'eus la possibilité de visiter ce pays. Mère Teresa était là, elle aussi. L'Albanie était en effet sa patrie. Je la rencontrai encore de nombreuses fois, recueillant toujours de nouveaux témoignages sur son dévouement passionné à la cause des plus pauvres parmi les pauvres. Mère Teresa mourut à Calcutta, laissant un souvenir profond et une œuvre riche d'une multitude de filles spirituelles. Durant sa vie, elle était déjà considérée par beaucoup comme une sainte. Elle fut universellement reconnue comme telle lorsqu'elle mourut. Je rends grâce à Dieu qui m'a donné de la béatifier en octobre 2003, à l'approche du 25e anniversaire de mon pontificat. Je dis alors : « Par le témoignage de sa vie, Mère Teresa rappelle à tous que la mission évangélisatrice de l'Eglise passe par la charité, nourrie par la prière et l'écoute de la parole de Dieu. Nous trouvons un symbole fort de ce style missionnaire dans l'image représentant la nouvelle Bienheureuse qui, d'une main, serre celle d'un enfant alors que son autre main glisse sur son chapelet. Contemplation et action, évangélisation et promotion humaine : Mère Teresa proclame l'Evangile par sa vie entièrement donnée aux pauvres mais, en même temps, toute imprégnée de prière » (19 octobre 2003). Tel est le mystère de l'évangélisation à travers l'amour pour l'homme, qui jaillit de l'amour pour Dieu. En cela consiste la *caritas* dont l'évêque devrait toujours s'inspirer dans chacune de ses interventions.

# QUATRIÈME PARTIE

# LA PATERNITÉ DE L'ÉVÊQUE

*« Je fléchis les genoux en présence du Père
de qui toute paternité, au ciel et sur la terre,
tire son nom »* (*Ep* 3, 14-15)

## Collaboration avec les laïcs

Les laïcs peuvent réaliser leur vocation dans le monde et parvenir à la sainteté, non seulement en s'engageant activement en faveur des pauvres et des nécessiteux, mais aussi en animant la société avec un esprit chrétien, par l'accomplissement de leurs devoirs professionnels et du témoignage d'une vie familiale exemplaire. Je pense non seulement à ceux qui occupent des postes de premier plan dans la vie sociale, mais à tous ceux qui savent transformer en prière leur vie quotidienne, mettant le Christ au centre de leurs activités. C'est lui-même qui les attirera tous à lui, comblant *leur faim et leur soif de justice* (cf. *Mt* 5, 6).

N'est-ce pas la leçon qui émerge de la partie conclusive de la parabole du bon Samaritain (*Lc* 10, 34-35) ? Après avoir donné lui-même les premiers soins, le bon Samaritain se tourne vers l'aubergiste pour qu'il continue à soigner le blessé. Comment aurait-il pu faire sans lui ? En effet, tout en restant dans l'ombre, l'aubergiste réalise une grande part de l'œuvre. Tous peuvent agir comme lui, accomplissant leurs tâches dans un esprit de service. Tout travail offre l'occasion, plus ou moins directe, d'aider ceux qui sont dans le besoin. Naturellement, cela se vérifie de manière toute particulière dans le travail d'un médecin, d'un enseignant, du propriétaire d'une entreprise, du moins s'il s'agit de personnes qui ne ferment pas les yeux aux besoins d'autrui. Et de même un employé, un ouvrier, un agriculteur peuvent trouver de nombreuses façons de servir leur prochain, même au milieu des difficultés personnelles, parfois lourdes. L'accomplissement fidèle de ses propres devoirs professionnels est déjà une mise en œuvre de l'amour envers les personnes et envers la société.

Pour sa part, l'évêque est appelé non seulement à promouvoir lui-même des initiatives sociales chrétiennes de ce type, mais aussi à permettre que, dans son Eglise, naissent et se développent des œuvres suscitées par d'autres. Il doit seulement veiller à ce que tout s'accomplisse dans la charité et dans la fidélité au Christ, « qui est à l'origine et au terme de la foi » (He 12, 2). Il convient de solliciter les personnes, mais il faut aussi permettre à quiconque manifeste de la bonne volonté de se retrouver dans la maison commune qu'est l'Eglise.

En tant qu'évêque, j'ai soutenu de nombreuses initiatives de laïcs. Elles étaient très variées : par exemple le Bureau de la pastorale familiale, les rencontres d'études pour les séminaristes et les étudiants en médecine appelées « Kler-med », l'Institut pour la famille. Avant la guerre, l'*Action catholique* était vivante, avec ses quatre branches : hommes, femmes, jeunesse masculine et jeunesse féminine. Elle est actuellement en train de renaître en Pologne. J'étais aussi président de la commission pour l'apostolat des laïcs de l'épiscopat polonais. J'apportais mon soutien au périodique catholique *Tygodnik Powszechny*, et je m'efforçais d'encourager le groupe de personnes qui se retrouvait autour de lui. C'était particulièrement nécessaire à l'époque. Je voyais venir à moi des rédacteurs, des chercheurs, des médecins, des artistes... Parfois ils entraient en cachette car nous étions au temps de la dictature communiste. On organisait aussi des *symposiums* : la maison était presque toujours remplie, pleine de vie. Et les sœurs servantes du Sacré-Cœur devaient donner à manger à tout ce monde..

J'ai aussi été proche de diverses initiatives nouvelles, dans lesquelles je percevais le souffle de l'Esprit de Dieu. A l'inverse, je n'ai rencontré qu'à Rome le Chemin néocatéchuménal. Il en fut de même pour l'Opus Dei, que j'ai érigé en prélature personnelle en 1982. Il s'agit de deux réalités ecclésiales qui exigent un grand engagement de la part des laïcs. Ces deux initiatives sont nées en Espagne, pays qui tant de fois dans l'histoire a donné des impulsions providentielles au renouveau spirituel. En octobre 2002, j'ai eu la joie d'inscrire parmi les saints Josémaría Escrivá de Balaguer, fondateur de l'Opus Dei, prêtre zélé, apôtre des laïcs pour les temps nouveaux.

Au cours des années de mon ministère à Cracovie, j'ai toujours ressenti la présence spirituelle des membres de l'Œuvre de Marie, les Focolarini. J'admirais leur intense activité apostolique, qui visait à faire en sorte que l'Eglise devienne toujours davantage « maison et école de communion ». A partir du moment où j'ai été appelé sur le siège de Rome, j'ai reçu Mlle Chiara Lubich à plusieurs reprises, avec des représentants des nombreuses branches du Mouvement des Focolarini. Communion et Libération est un autre mouvement qui est né de la vivacité de l'Eglise qui est en Italie. Son promoteur en est Mgr Luigi Giussani. Nombreuses sont dans le monde des laïcs les initiatives avec lesquelles je suis entré en contact au long de ces années. Je pense par exemple, en France, à L'Arche et à Foi et Lumière de Jean Vanier. Il en existe d'autres encore, mais il ne m'est pas possible d'en dresser ici la liste exhaustive. Qu'il me suffise de dire que je les soutiens et qu'elles sont présentes dans ma prière. Je place en elles de grandes espérances, souhaitant que s'accomplisse de cette manière l'appel : « *Allez, vous aussi, à ma vigne* » (*Mt* 20, 4). A leur sujet, j'ai écrit dans l'exhortation *Christifideles laici* « L'appel ne s'adresse pas seulement aux pasteurs, aux prêtres, aux religieux et aux religieuses ; il s'étend à tous : les fidèles laïcs, eux aussi, sont appelés personnellement par le Seigneur, de qui ils reçoivent une mission pour l'Eglise et pour le monde » (n. 2).

## La collaboration avec les ordres religieux

J'ai toujours entretenu de bons rapports avec les ordres religieux, et j'ai collaboré avec eux. En Pologne, Cracovie est peut-être l'archidiocèse qui compte la plus grande concentration d'ordres religieux, masculins et féminins. Beaucoup d'entre eux y sont nés, d'autres y ont trouvé refuge, comme par exemple les Sœurs féliciennes, qui sont venues des territoires de l'ancien royaume de Pologne. Ma pensée se tourne ici vers le bienheureux Honorat Kośmiński, qui fonda de nombreuses congrégations féminines en habit civil – fruit de son zèle pastoral au confessionnal. De ce point de vue, il fut un génie. Sous sa conduite se plaça aussi la bienheureuse Maria Angela Truszkowska, fondatrice des Sœurs féliciennes, qui repose dans leur église, à Cracovie. Il vaut la peine de souligner le fait que, à Cracovie, les familles religieuses les plus nombreuses sont les familles antiques, qui remontent au Moyen Age, comme les Franciscains et les Dominicains, ou à la Renaissance, comme les Jésuites et les Capucins. Les religieux de ces familles ont en général une réputation de bons confesseurs, même auprès des prêtres (à Cracovie, les prêtres se confessent volontiers aux Capucins). Aux temps des partitions de la Pologne, de nombreux ordres se trouvaient dans l'archidiocèse car, ne pouvant se développer dans le royaume de Pologne, ils affluaient sur le territoire de ce qui était alors la république de Cracovie, où l'on pouvait jouir d'une relative liberté. La meilleure preuve que mes contacts avec les ordres religieux étaient bons est donnée par Mgr Albin Małysiak, évêque, de la congrégation de la Mission. C'était un curé zélé de Cracovie-Nowa Wieś, avant d'être nommé évêque. C'est moi qui ai présenté sa candidature, la sienne et celle de Stanisław Smoleński, et je les ai consacrés tous les deux.

Les ordres religieux ne m'ont jamais rendu la vie difficile. J'ai eu de bons rapports avec tous, voyant en eux un soutien important pour la mission de l'évêque. Je pense aussi à ces grandes réserves d'énergies spirituelles que sont les ordres contemplatifs. A Cracovie, il y a deux monastères de Carmélites (rue Kopernika et rue Łobzowska), il y a les Clarisses, les Dominicaines, les Visitandines et les Bénédictines (à Staniątki). Ce sont de grands centres de prière : prière et pénitence, et aussi catéchèse. Je me rappelle avoir dit une fois aux moniales cloîtrées : « Que cette grille vous unisse au monde et ne vous en sépare pas. Couvrez le globe terrestre du manteau de la prière ! » Je suis convaincu que ces chères sœurs, répandues sur toute la terre, ont constamment la conscience d'exister pour le monde et qu'elles ne cessent de

112

servir l'Eglise universelle par le don d'elles-mêmes, par leur silence et leur profonde prière.

Tout évêque peut trouver en elles un grand soutien. J'en ai fait l'expérience plus d'une fois lorsque, face à de difficiles problèmes, je demandais aux différents ordres contemplatifs de me soutenir par la prière. Je sentais la puissance de cette intercession, et bien des fois j'ai remercié les personnes réunies dans ces cénacles de prière de m'avoir aidé à surmonter des situations humainement désespérées.

Les Ursulines avaient à Cracovie un pensionnat. Mère Angela Kurpisz m'invitait toujours pour les retraites des élèves. Je fréquentais souvent les ursulines grises à Jaszczurówka (Zakopane*). Tous les ans je bénéficiais de leur hospitalité. Une tradition s'établit : à minuit du jour de l'an, je célébrais la messe chez les franciscains de Cracovie, le matin je me rendais chez les ursulines de Zakopane, puis j'allais skier. Habituellement, à cette période, il y avait de la neige. En général, je restais chez elles jusqu'au 6 janvier. Ce jour-là, je partais l'après-midi, à temps pour célébrer la messe de 18 heures dans la cathédrale de Cracovie. Ensuite il y avait la rencontre au Wawel, durant laquelle on chantait des noëls. Je me rappelle qu'une fois, étant allé skier, peut-être avec l'abbé Józef Rozwadowski (futur évêque de Łódź), nous nous sommes perdus aux environs de la vallée Chochołowska. Nous avons dû ensuite courir « comme des fous » – selon l'expression habituelle – pour arriver à temps.

Bien souvent, même pour les journées de récollection, je me rendais à Prądnik Czerwony, chez les sœurs albertines. Je me sentais tellement bien chez elles. Je fréquentais Rząska, aux environs de Cracovie. J'étais ami des petites sœurs de Charles de Foucauld et je collaborais avec elles.

Comme je l'ai déjà souligné, je passais beaucoup de temps à l'abbaye bénédictine de Tyniec. C'est là que je faisais ma retraite. Je connaissais bien le père Piotr Rostworowski, auquel je me suis confessé plus d'une fois. Je connaissais aussi le père Augustyn Jankowski, bibliste, mon collègue dans l'enseignement. Il m'envoie régulièrement ses nouveaux livres. Je me rendais à Tyniec et chez les pères camaldules à Bielany pour les journées de récollection. Lorsque j'étais jeune prêtre, je dirigeais à Bielany des retraites pour les universitaires de la paroisse Saint-Florian et je me souviens qu'une fois, je descendis de nuit dans l'église : à ma grande surprise, j'y trouvai les étudiants en prière et je sus qu'ils avaient décidé d'assurer, en alternance, une présence ininterrompue durant toute la nuit.

Les ordres religieux servent l'Eglise et aussi l'évêque. Il est difficile de ne pas apprécier leur témoignage de foi fondé sur leurs vœux de pauvreté, de chasteté et d'obéissance, ainsi que leur style de vie inspiré de la règle de leur fondateur ou de leur fondatrice : c'est grâce à une telle fidélité que les diverses familles religieuses peuvent conserver le charisme des origines et le faire fructifier tout au long des générations. On ne peut pas oublier non plus l'exemple de charité fraternelle qui est à l'origine de chaque communauté religieuse. Il est humain que de loin en loin puisse se faire jour quelque problème, mais une solution peut toujours être trouvée si l'évêque sait se mettre à l'écoute de la communauté religieuse, respectant sa légitime autonomie, et si la communauté, à son tour, sait effectivement reconnaître dans l'évêque le responsable ultime de la pastorale sur le territoire diocésain.

## Les prêtres

Dans l'archidiocèse de Cracovie, les vocations étaient plutôt nombreuses et, certaines années, elles furent particulièrement abondantes. Après le mois d'octobre 1956, par exemple, les demandes d'entrée au séminaire connurent une augmentation significative. Il en fut de même au moment du millénaire du baptême de la Pologne. C'est peut-être une règle que, après de grands événements, le nombre des vocations s'accroît. Elles naissent en effet sur le terreau de la vie concrète du peuple de Dieu. Le cardinal Sapieha disait que, pour l'évêque, le séminaire est la *pupilla oculi* – la prunelle de l'œil –, et il en va de même du noviciat pour le supérieur religieux. Et cela se comprend aisément : les vocations sont l'avenir du diocèse ou de l'ordre, et, en définitive, l'avenir de l'Eglise.

Personnellement, je veillais tout particulièrement sur les séminaires. Aujourd'hui encore, je prie chaque jour pour le séminaire romain et, d'une façon plus générale, pour tous les séminaires qui existent à Rome comme aussi dans toute l'Italie, en Pologne, dans le monde.

Je prie d'une manière spécifique pour le séminaire de Cracovie. C'est de là que je suis sorti et je voudrais payer au moins de cette façon ma dette de gratitude. Lorsque j'étais évêque de Cracovie, je suivais les vocations avec une attention spéciale. Vers la fin du mois de juin, je m'informais du nombre de ceux qui avaient demandé à être admis au séminaire pour l'année suivante. Ensuite, lorsqu'ils étaient au séminaire, je les rencontrais un à un séparément, je m'entretenais avec chacun d'eux, demandant des nouvelles de sa famille et discernant avec lui sa vocation. J'invitais aussi les séminaristes à la messe du matin dans ma chapelle, puis au petit déjeuner. C'était une très bonne occasion pour les connaître. La veille de Noël, je dînais au séminaire ou bien j'invitais les séminaristes chez moi, rue Franciszkańska. Ils ne rentraient pas dans leurs familles pour les fêtes et je voulais d'une certaine façon les récompenser de ce sacrifice. Tout cela pouvait se faire quand j'étais à Cracovie. A Rome, c'est plus difficile, car les séminaires sont nombreux. Toutefois je les ai tous visités personnellement et, à l'occasion, j'ai invité leurs recteurs au Vatican.

L'évêque ne peut manquer de présenter aux jeunes le haut idéal du sacerdoce. Le cœur d'un jeune est capable de comprendre l'« amour fou » qui est exigé pour le don total de soi. Il n'y a pas d'amour plus grand que l'Amour avec un grand A ! Pendant mon dernier pèlerinage en Espagne, j'ai confié ceci aux jeunes : « J'ai été ordonné prêtre quand j'avais vingt-six ans. Depuis lors, cinquante-six ans ont passé. En regardant en arrière et en me rappelant ces années de ma vie, je peux assurer qu'il vaut la peine de se dévouer à la cause du Christ et, par amour pour lui, de se consacrer au service de l'homme. Il vaut la peine de donner sa vie pour l'Evangile et pour ses frères ! » (Madrid, 3 mai 2003). Les jeunes comprirent le message et firent écho à mes paroles en scandant en chœur comme un refrain : « Il vaut la peine ! Il vaut la peine ! »

La sollicitude pour les vocations s'exprime aussi dans le soin pris pour choisir comme il faut les candidats au sacerdoce. L'évêque confie à ses collaborateurs, qui œuvrent au séminaire comme formateurs, de nombreuses tâches liées à cette fonction, mais la plus grande responsabilité pour la formation des prêtres lui échoit. C'est l'évêque qui choisit et qui appelle au nom du Christ, définitivement, lorsqu'il dit pendant le rite d'ordination : « Avec l'aide du Seigneur Jésus-Christ, notre Dieu et notre Sauveur, nous vous choisissons comme prêtres » (Pontifical romain, *Ordination des prêtres*). C'est une grande responsabilité. Saint Paul avertit Timothée : *« Ne va pas décider trop vite d'imposer les mains à quelqu'un »* (*1 Tm*

5, 22). Il ne s'agit pas d'une sévérité particulière mais du plus élémentaire sens de la responsabilité à l'égard d'une réalité, remise entre nos mains, qui a une valeur suprême. C'est au nom du don et du mystère du salut que sont fixées les exigences requises pour le sacerdoce.

Je veux mentionner ici saint Józef Sebastian Pelczar (1842-1924), évêque du diocèse de Przemyśl, qu'il m'a été donné de canoniser le jour de mon quatre-vingt-troisième anniversaire de naissance, avec sainte Urszula Ledóchowska, déjà mentionnée. Le saint évêque Pelczar était connu en Pologne notamment par ses écrits. Je suis heureux de rappeler ici son livre : *Rozmyślania o życiu kapłańskim czyli ascetyka kapłańska* (*Méditations sur la vie sacerdotale. L'ascèse sacerdotale*). L'œuvre fut publiée à Cracovie quand il était encore professeur à l'université Jagellon (une nouvelle édition est sortie il y a quelques mois). Ce livre est le fruit de sa riche vie spirituelle, et il a exercé une profonde influence sur des générations entières de prêtres polonais, spécialement de mon temps. Mon sacerdoce aussi a été modelé d'une certaine façon par cette œuvre ascétique.

Tarnów et la ville voisine de Przemyśl se trouvent parmi les diocèses qui, à l'échelle mondiale, ont le plus grand nombre de vocations. Dans le diocèse de Tarnów, l'ordinaire, Mgr Jerzy Ablewicz, était mon ami. Il venait de Przemyśl, du patrimoine spirituel de saint Józef Pelczar. Ils étaient de vrais pasteurs, plaçant très haut les exigences, d'abord pour eux-mêmes, et aussi pour leurs prêtres et leurs séminaristes. Je pense que là réside le secret du grand nombre de vocations dans ces diocèses. Les idéaux élevés et exigeants attirent les jeunes.

J'ai toujours eu à cœur l'unité du *presbyterium*. Pour faciliter le contact avec les prêtres, j'ai veillé à instituer, aussitôt après le concile, le conseil presbytéral (en 1968) dans lequel étaient discutés les programmes concernant l'activité des prêtres avec charge d'âmes. Périodiquement, au cours de l'année, étaient organisées dans les diverses parties de l'archidiocèse des rencontres où l'on abordait les questions concrètes que les prêtres posaient.

Par son style de vie, l'évêque montre que « le modèle, le Christ » n'est pas dépassé ; même dans les conditions présentes, il reste toujours actuel. On peut dire qu'un diocèse reflète la façon d'être de son évêque. Ses vertus – sa chasteté, sa pratique de la pauvreté, son esprit de prière, sa simplicité, la sensibilité de sa conscience – s'inscrivent en un sens dans le cœur des prêtres. Ceux-ci à leur tour transmettent ces valeurs aux fidèles qui leur sont confiés – et c'est ainsi que les jeunes sont incités à donner une généreuse réponse à l'appel que lance le Christ.

Ayant abordé ce sujet, il ne m'est pas possible de ne pas rappeler ceux qui ont abandonné le sacerdoce. L'évêque ne peut pas les oublier, non plus : eux aussi ont droit à une place dans son

119

cœur de père. Leurs drames révèlent parfois les négligences de la formation sacerdotale. Font partie aussi de la formation sacerdotale la courageuse monition fraternelle, quand c'est nécessaire, et la disposition – de la part du prêtre – à recevoir une telle monition. Le Christ a dit à ses disciples : *« Si ton frère a commis un péché, va lui parler seul à seul et montre-lui sa faute. S'il t'écoute, tu auras gagné ton frère »* (*Mt* 18, 15).

## La maison de l'évêque

Les occasions de rencontrer les personnes n'étaient pas seulement offertes par les visites pastorales et les autres interventions publiques. Dans la maison du 3, rue Franciszkańska, la porte était ouverte à tous. L'évêque est pasteur ; c'est bien pourquoi il doit être avec les gens, être pour les gens, servir les gens. Les personnes avaient toujours accès directement à moi, l'entrée était ouverte à tous.

Le palais épiscopal était le centre de diverses rencontres, de sessions scientifiques. C'était aussi le centre où se déroulait le « Studium pour la Famille ». Dans l'une des pièces, on mit en place une consultation familiale. C'était alors une époque où tout rassemblement de laïcs de quelque importance était considéré par les autorités comme une activité contre l'Etat. La maison de l'évêque devint un refuge. J'invitais les personnes les plus diverses – chercheurs, philosophes, humanistes. C'est là aussi que se faisaient les rencontres régulières avec les prêtres. Maintes fois le salon servit de salle de conférence. Les rencontres déjà mentionnées avaient lieu là : l'Institut de théologie de la famille et les séminaires universitaires « Klermed ». On peut dire que cette maison était « vibrante de vie ».

A l'habitation de l'archevêque de Cracovie sont liés de nombreux souvenirs relatifs à la figure de mon grand prédécesseur, qui est resté ici dans la mémoire de générations de prêtres de Cracovie comme un témoin incomparable du mystère de la paternité. Le « Prince intrépide », c'est ainsi qu'on appelait communément l'archevêque Adam Stefan Sapieha. Il traversa la guerre et la période de l'Occupation avec ce titre. Il a sans aucun doute une place particulière dans l'histoire de ma vocation. C'est lui qui en a accueilli la première éclosion. J'ai déjà parlé de cela dans le livre *Ma vocation : Don et mystère*.

Le prince cardinal Sapieha était un aristocrate polonais au sens fort du terme. Il était né à Krasiczyn, aux environs de Przemyśl. Je m'y suis rendu une fois exprès pour voir le château où il était né. Il devint prêtre dans le diocèse de Lvov. Du temps de Pie X, il fut au service du Vatican, remplissant la charge de *camérier secret participant*. Durant cette période, il fit beaucoup pour la cause polonaise. En 1912, il fut nommé évêque et sacré directement par Pie X qui lui assigna le siège de

Cracovie. Sa prise de possession eut lieu la même année. Cela se fit donc peu avant la Première Guerre mondiale. Au cours de la guerre, il fonda le comité épiscopal de Cracovie pour l'aide aux victimes des calamités de la guerre, communément appelé le « comité du prince-évêque ». Au fil du temps, ce comité étendit son activité jusqu'à couvrir tout le pays. Mgr Sapieha fut extraordinairement actif durant les années de guerre, s'attirant de cette façon un grand respect dans tout le pays. Il ne devint cardinal qu'après la Seconde Guerre mondiale. Depuis l'époque d'Oleśnicki, il y a eu comme cardinaux à Cracovie les archevêques Dunajewski et Puzyna. Ce fut cependant Mgr Sapieha qui mérita par-dessus tout le titre de « Prince intrépide ».

Oui, le cardinal Sapieha a été pour moi un véritable modèle, car il fut avant tout un pasteur. Avant que n'éclate la Seconde Guerre mondiale, il dit au pape qu'il voulait renoncer à la charge de Cracovie pour prendre sa retraite. Mais Pie XII n'y consentit pas. Il lui répondit : « Maintenant que nous sommes en guerre, on aura besoin de toi. » Il mourut comme cardinal sur le siège de Cracovie à quatre-vingt-deux ans.

Dans l'homélie de ses funérailles, le cardinal primat Wyszyński exprima quelques interrogations significatives. Il dit . « Lorsque nous vous regardons, nous qui vous accueillons et qui sommes vos amis, chers frères prêtres, réunis comme une couronne compacte de cœurs autour de ce cercueil qui renferme la dépouille mortelle de cet homme fluet, qui ne pouvait vous être comparé ni par la stature ni par la force physique, je tiens à vous demander, prêtres de Cracovie, pour accroître mon expérience, pour approfondir la sagesse dont a besoin un pasteur : Qu'aimiez-vous en lui ? Qu'est-ce qui en lui avait conquis votre cœur ? Qu'aviez-vous vu en lui ? Pourquoi vous êtes-vous attachés, comme toute la Pologne, à cette âme ? Ici on peut vraiment parler de l'amour du *presbyterium* diocésain pour son archevêque » (*Księga Sapieżyńska*, Cracovie 1986, p. 776). Oui vraiment, ces funérailles en juillet 1951 furent un événement inouï au temps de Staline : un grand cortège se rendit de la rue Franciszkańska vers le Wawel, en une procession compacte où marchaient les prêtres, les religieuses, les laïcs. Ils marchaient, et les autorités n'osaient pas troubler le cortège. Elles se sentaient impuissantes face à l'événement. On aurait pu imaginer qu'à cause de cela elles auraient été capables d'inventer, après le procès contre la curie de Cracovie, le procès *post mortem* contre Sapieha. Les communistes n'osèrent pas le toucher de son vivant, bien que lui-même l'ait envisagé, spécialement lorsqu'ils arrêtèrent le cardinal Mindszenty, primat de Hongrie, mais ils n'en eurent pas le courage.

C'est de son temps que je fis mon séminaire : je fus d'abord séminariste, puis je devins prêtre. J'avais à son égard une très grande confiance et je

123

peux dire que je l'aimais comme l'aimaient également les autres prêtres. On voit souvent écrit dans les livres que, d'une certaine façon, le cardinal Sapieha me préparait – c'est peut-être vrai. Cela aussi est une tâche de l'évêque : préparer ceux qui pourraient éventuellement le remplacer.

Les prêtres l'appréciaient peut-être parce qu'il s'agissait d'un prince, mais ils l'aimaient avant tout parce que c'était un père, parce qu'il était plein de sollicitude pour l'homme. Et c'est ce qui compte le plus : un évêque doit être un père. Il est vrai qu'aucun homme n'exprime complètement la paternité, puisque celle-ci ne se réalise en plénitude qu'en Dieu Père. Mais nous participons d'une certaine manière à la paternité de Dieu. J'ai exprimé cette vérité dans la méditation sur le mystère du père intitulée *Rayons de paternité*.

« Je dirai encore plus : j'ai décidé de bannir le mot "mien" de la liste des mots que j'utilise. Comment puis-je utiliser une telle parole alors que je sais que tout est Tien ? Même si ce n'est pas Toi qui engendres en tout engendrement humain, cependant celui qui engendre est déjà Tien. Moi-même, je suis plus Tien que "mien". J'ai donc pris conscience qu'il ne m'est pas permis de dire "mien" à ce qui est Tien. Il ne m'est pas permis de parler, de penser, de sentir ainsi. Je dois m'en libérer, m'en dépouiller – ne rien avoir, ne rien vouloir avoir en propre ("mien" signifie ce qui est "proprement mien"). »

## Une paternité à l'exemple de saint Joseph

L'épiscopat est sans aucun doute une charge, mais il faut que l'évêque lutte de toute son énergie pour ne pas devenir un « fonctionnaire ». Il ne doit jamais oublier qu'il est un père. Comme je l'ai dit, le prince Sapieha fut beaucoup aimé parce qu'il était un père pour ses prêtres. Quand je pense à celui qui pourrait être considéré comme aide et modèle pour tous ceux qui sont appelés à la paternité – dans la famille ou dans le sacerdoce, et plus encore dans le ministère épiscopal –, c'est saint Joseph qui me vient à l'esprit.

Pour moi aussi, le culte de saint Joseph est lié à mon expérience à Cracovie. Rue Poselska, près du palais épiscopal, se trouvent les sœurs bernardines. Dans leur église, dédiée précisément à saint Joseph, elles ont en permanence l'exposition du saint sacrement. Dans mes temps libres, j'y allais pour prier et mon regard se tournait souvent vers la belle figure du père putatif de Jésus, très vénérée dans cette église. J'y prêchai aussi une fois une retraite pour les juristes. J'ai toujours aimé penser à saint Joseph dans le cadre de la Sainte Famille : Jésus, Marie, Joseph. J'invoquais leur aide à tous les trois, à propos de différents problèmes. Je comprends aisément l'unité et l'amour qui se vivent dans la Sainte Famille : trois cœurs, un amour. De manière spéciale, je confiais à saint Joseph la pastorale familiale.

A Cracovie, il y a encore une autre église dédiée à saint Joseph, celle de Podgórze. Je la fréquentais au cours de mes visites pastorales. Le sanctuaire de Saint-Joseph à Kalisz est revêtu lui aussi d'un grand prestige. Là convergent les pèlerinages d'action de grâce accomplis par les prêtres, ex-prisonniers de Dachau. Dans ce camp nazi, un groupe de déportés se confia à saint Joseph – et ils furent sauvés. Revenus en Pologne, ils commencèrent à se rendre tous les ans en pèlerinage d'action de grâce au sanctuaire de Kalisz, et ils m'invitaient toujours à leur démarche. Parmi eux, on trouve l'archevêque Kazimierz Majdański, l'évêque Ignacy Jeż, ainsi que le cardinal Adam Kosłowiecki, missionnaire en Afrique.

La Providence prépara saint Joseph à remplir son rôle de père de Jésus-Christ. Dans l'exhortation apostolique que je lui ai consacrée, *Redemptoris Custos*, j'ai écrit : « Comme il résulte des textes évangéliques, le mariage de Marie est le fondement juridique de la paternité de Joseph. C'est pour assurer une présence paternelle auprès de Jésus que Dieu choisit Joseph comme époux de Marie. Il s'ensuit que la paternité de Joseph – relation qui le place le plus près possible du Christ, fin de toute élection et de toute prédestination – passe par le mariage avec Marie » (n. 7). Joseph fut appelé à être l'époux très chaste de Marie, précisément pour servir de père à Jésus. La paternité de saint Joseph, comme la maternité de la Très Sainte Vierge Marie, a un caractère avant tout

126

christologique. Tous les privilèges de Marie découlent du fait qu'elle est la Mère du Christ. De manière analogue, tous les privilèges de saint Joseph découlent du fait qu'il a eu la charge de servir de père au Christ.

Nous savons que le Christ s'adressait à Dieu avec la parole *Abba*, « Papa », le mot tendre et familier, par lequel les fils de sa nation s'adressent à leurs pères. Il s'adressait probablement à saint Joseph, lui aussi, en utilisant le même mot, comme tous les autres enfants. Est-il possible d'en dire plus sur le mystère de la paternité humaine ? Comme homme, le Christ lui-même faisait l'expérience de son rapport de filiation avec saint Joseph. La rencontre avec saint Joseph en tant que père s'est insérée dans la révélation que le Christ a faite ensuite du nom paternel de Dieu. C'est un profond mystère.

En tant que Dieu, le Christ avait sa propre expérience de la paternité divine et de la filiation au sein de la Trinité sainte. En tant qu'homme, il fit l'expérience de la filiation grâce à saint Joseph. Celui-ci, pour sa part, offrit à l'enfant qui grandissait à ses côtés le soutien de l'équilibre masculin, de la perspicacité dans la façon d'envisager les problèmes et du courage. Il remplit son rôle avec les qualités du meilleur des pères, puisant la force dans la source suprême *« de toute paternité au ciel et sur la terre »* (*Ep* 3, 15). En même temps, en ce qui concerne les réalités humaines, il enseigna bien des choses au Fils de Dieu, auquel il bâtit une maison sur terre, et la lui offrit.

La vie avec Jésus fut pour saint Joseph une découverte continuelle de sa propre vocation à être père. Il l'était devenu d'une manière extraordinaire sans être à l'origine du corps de son Fils. N'est-ce pas là la réalisation de la paternité qui nous est proposée comme modèle à nous, prêtres et évêques ? Et, de fait, tout ce que je faisais dans mon ministère, je le vivais comme une manifestation de cette paternité : baptiser, confesser, célébrer l'eucharistie, prêcher, exhorter, encourager, tout cela était toujours pour moi une réalisation de cette même paternité.

Il faut penser d'une manière particulière à la maison construite par saint Joseph pour le Fils de Dieu lorsqu'on aborde la question du célibat sacerdotal et épiscopal. Le célibat donne en effet la pleine possibilité de réaliser cette forme de paternité : une paternité chaste, consacrée totalement au Christ et à sa Mère, la Vierge. Libre de toute préoccupation personnelle pour une famille, le prêtre peut se consacrer *de tout son cœur* à sa mission pastorale. On comprend donc la fermeté avec laquelle l'Eglise de rite latin a défendu la tradition du célibat pour ses prêtres, résistant aux pressions qui, au long des siècles, se sont manifestées de temps à autre. Il s'agit d'une tradition certes exigeante, mais qui se révèle particulièrement porteuse de fécondité en fruits spirituels. C'est toutefois un motif de joie de constater que le sacerdoce d'hommes mariés dans l'Eglise catholique orientale a donné d'excellentes preuves de zèle pastoral. Dans la lutte contre le communisme notamment, les prêtres orientaux mariés ne furent pas moins héroïques que les célibataires. Comme le fit observer autrefois le cardinal Josyf Slipyj, face aux communistes, ils montrèrent le même courage que leurs confrères célibataires.

Par ailleurs, il faut souligner qu'il y a de profondes raisons théologiques en faveur du célibat. L'encyclique « *Sacerdotis cœlibatus* », publiée en 1967 par mon vénéré prédécesseur, les résume de la manière suivante (cf. nn. 19-34) :

— Il y a tout d'abord une *motivation christologique* : constitué médiateur entre le Père et le genre humain, le Christ est resté célibataire pour se consacrer totalement au service de Dieu et des hommes. Celui qui est destiné à la mission du Christ est appelé à partager aussi ce don total.

— Il y a ensuite une *motivation ecclésiologique* : le Christ a aimé l'Eglise, s'offrant totalement lui-même pour elle en vue d'en faire son épouse glorieuse, sainte et immaculée. Par le choix du célibat, le ministre sacré fait sien cet amour du Christ pour l'Eglise, en en retirant une force surnaturelle de fécondité spirituelle.

— Il y a enfin une *motivation eschatologique* : à la résurrection des morts – a dit Jésus – « *on ne se marie pas, mais on est comme les anges dans le ciel* » (*Mt* 22, 30). Le célibat du prêtre annonce l'avènement des derniers temps du salut et il anticipe d'une certaine manière la consommation du Royaume, affirmant que ces valeurs suprêmes resplendiront un jour chez tous les fils de Dieu.

Dans le dessein de contester le célibat, on prend souvent comme argument la solitude du prêtre, la solitude de l'évêque. Sur la base de mon expérience, je repousse fortement un tel argument. Personnellement je ne me suis jamais senti seul. Outre la conscience de la proximité du Seigneur, même sur le plan humain, j'ai toujours eu de nombreuses personnes autour de moi, j'ai cultivé de nombreuses relations cordiales avec les prêtres – doyens, curés, vicaires – et avec des laïcs de toutes catégories.

*Etre avec son peuple*

Il faut encore penser à la maison construite par saint Joseph pour le Fils de Dieu lorsqu'on parle du devoir paternel de l'évêque d'être avec ceux qui lui sont confiés. La maison de l'évêque est en effet le diocèse. Non seulement parce qu'il y habite et qu'il y travaille, mais dans un sens beaucoup plus profond : la maison de l'évêque est le diocèse parce que celui-ci est le lieu où, chaque jour, il doit manifester sa fidélité envers l'Eglise, son Epouse. Lorsque, face aux négligences persistantes dans ce domaine, le concile de Trente souligna et définit l'obligation pour l'évêque de résider dans son diocèse, il exprima en même temps une profonde intuition : l'évêque doit être avec son Eglise dans tous les moments importants. Sans une raison fondée, il ne doit pas la quitter pour une période de temps qui dépasse un mois – se comportant ainsi comme un bon père de famille qui est constamment avec les siens et qui, lorsqu'il doit se séparer d'eux, en ressent de la nostalgie et désire revenir au milieu d'eux le plus tôt possible.

Je me rappelle à ce propos la figure du fidèle évêque de Tarnów, Jerzy Ablewicz. Les prêtres de son diocèse savaient qu'il ne recevait pas le vendredi. En effet, ce jour-là, il se rendait à pied en pèlerinage à Tuchów, au sanctuaire marial du diocèse. Tout en marchant, il préparait par la prière son homélie dominicale. On savait qu'il n'allait hors de son diocèse qu'à contrecœur. Il était toujours au milieu des siens, tout d'abord par la prière, puis dans les activités. Mais d'abord par la prière. Le mystère de notre paternité s'épanouit et se développe précisément grâce à elle. En tant qu'hommes de foi, dans la prière, nous nous présentons devant Marie et devant Joseph pour invoquer leur aide et pour édifier ainsi, avec eux et avec tous ceux que Dieu nous confie, la maison pour le Fils de Dieu : sa Sainte Eglise.

## La chapelle du 3, rue Franciszkańska

La chapelle du palais des archevêques de Cracovie a pour moi une signification tout à fait particulière. C'est là que je fus ordonné prêtre par le cardinal Sapieha, le 1er novembre 1946, bien que le lieu habituel des ordinations soit la cathédrale.

La décision de mon évêque de m'envoyer étudier à Rome influa sur le lieu et la date de mon ordination sacerdotale.

Saint Paul, désormais apôtre expert, écrit à Timothée vers la fin de sa vie : « *Cultive plutôt ta vie religieuse. En effet, la culture physique n'est pas utile à grand-chose, mais la religion est utile à tout, car elle est promesse de vie pour maintenant et pour l'avenir* » (*1 Tm* 4, 7-8). La chapelle dans la maison, si proche qu'il suffit de tendre la main pour l'atteindre, est le privilège de tout évêque, mais cela constitue en même temps un grand engagement pour lui. La chapelle est aussi proche pour que, dans la vie de l'évêque, tout – la prédication, les décisions, la pastorale – prenne naissance au pied du Christ, caché dans le saint sacrement. J'ai pu constater personnellement quelles étaient à ce sujet les habitudes de l'archevêque de Cracovie, le prince Adam Sapieha. Le cardinal-primat Wyszyński, dans l'homélie funèbre au Wawel, parlait de lui en ces termes : « Parmi tous les aspects de sa vie, l'un d'entre eux m'a beaucoup fait réfléchir. Lorsque, au terme d'une journée de travail, durant les assemblées de la conférence épiscopale parfois combien harassantes, tous se précipitaient vers leur résidence, plutôt fatigués, cet homme infatigable se rendait au contraire dans sa chapelle froide et restait là dans les ténèbres nocturnes devant Dieu. Combien de temps ? Je ne sais. Je n'ai jamais entendu, durant mes heures tardives de travail dans le palais archiépiscopal, les pas du cardinal qui revenait de la chapelle. Je sais cependant une chose : que son âge avancé lui aurait donné le droit de se reposer. Toutefois le cardinal devait enfermer avec une agrafe d'or la fatigue de toute la journée de travail et il l'enchâssait dans le diamant de la prière. Ce fut vraiment un homme de prière » (*Księga Sapieżyńska*, Cracovie 1986, p. 776).

Je me suis efforcé d'imiter un exemple inégalable. Dans ma chapelle privée, non seulement je priais mais je restais aussi assis et j'écrivais. C'est là que j'écrivis mes livres, entre autres la monographie *Personne et Acte*. Je suis convaincu que la chapelle est un lieu d'où jaillit une inspiration particulière. C'est un privilège énorme de pouvoir habiter et travailler dans le cadre de cette Présence. Une Présence qui attire, comme un puissant aimant. Mon cher ami André Frossard, désormais disparu, a présenté de manière profonde dans son livre *Dieu existe, je l'ai rencontré* la force et la beauté de cette Présence. Pour entrer spirituellement en présence du saint sacrement, il n'est pas toujours nécessaire de se rendre physiquement dans la chapelle. J'ai toujours eu la perception intérieure que lui, le Christ, est le propriétaire de ma maison épiscopale, et que nous, évêques, n'en sommes que les locataires temporaires. Il en fut ainsi rue Franciszkańska durant presque vingt ans, et il en est de même au Vatican.

# CINQUIÈME PARTIE

# COLLÉGIALITÉ ÉPISCOPALE

*« Il en institua douze pour qu'ils soient avec lui,
et pour les envoyer prêcher »* (Mc 3, 14)

*L'évêque dans son diocèse*

Le concile Vatican II a été pour moi une incitation très forte à intensifier mon activité pastorale. Désormais, tout devrait en effet commencer par là. Le 3 juin 1963, mourait le pape Jean XXIII. C'est lui qui avait convoqué le concile, qui s'ouvrit le 11 octobre 1962. Il me fut donné d'y prendre part dès le début. La première session s'ouvrit au mois d'octobre et s'acheva le 8 décembre. Je participais aux sessions avec les pères conciliaires, en tant que vicaire capitulaire de l'archidiocèse de Cracovie.

Après la mort de Jean XXIII, le conclave, le 21 juin 1963, élut pape l'archevêque de Milan, le cardinal Giovanni Battista Montini, qui prit le nom de Paul VI. Au cours de l'automne de la même année, le concile entreprit la deuxième session, à laquelle j'étais présent, moi aussi, au même titre. Le 13 janvier 1964, je fus nommé archevêque métropolitain de Cracovie. Ma nomination fut rendue publique peu après et, le 8 mars, dimanche de *Lætare*, eut lieu mon entrée solennelle dans la cathédrale du Wawel.

Je me souviens que, sur le seuil de la cathédrale, m'accueillirent le Pr Franciszek Bielak et Mgr Bohdan Niemczewski, prévôt mitré du chapitre. Ils m'introduisirent dans la cathédrale où je devais occuper le siège épiscopal, resté vide après la mort du cardinal Sapieha et de l'archevêque Baziak. Je ne me souviens pas avec précision du discours que je fis alors, mais je me rappelle bien que ce furent des pensées pleines d'émotion en me référant à la cathédrale du Wawel et à son patrimoine culturel, auxquels j'étais lié « depuis toujours », comme je l'ai souligné plus haut.

## Le pallium

Je pense également au signe profond et émouvant du *pallium*, que je reçus au cours de la même année 1964. Dans le monde entier, les métropolitains, en signe d'union avec le Christ Bon Pasteur et avec son vicaire qui remplit la charge de Pierre, portent sur leurs épaules ce signe, confectionné avec la laine des agneaux bénis le jour de la Sainte-Agnès. Comme pape, j'ai pu, à de nombreuses reprises, le remettre aux nouveaux métropolitains, lors de la fête des saints apôtres Pierre et Paul. Quelle belle symbolique ! Sous la forme du *pallium*, nous pouvons reconnaître l'image de la brebis que le Bon Pasteur prend sur ses épaules et porte avec lui, pour la sauver et pour la nourrir. A travers ce symbole, se rend visible ce qui, avant tout, nous unit tous, comme évêques : la sollicitude et la responsabilité envers le peuple qui nous est confié. C'est précisément sur la base de cette sollicitude et de cette responsabilité que nous devons cultiver et garder l'unité.

Depuis le 8 mars 1964, jour de mon entrée solennelle, je pris part au concile, mais désormais comme archevêque métropolitain, et il en fut ainsi jusqu'à sa fin, le 8 décembre 1965. L'expérience du concile, les rencontres dans la foi avec les évêques de l'Eglise universelle et, en même temps, la nouvelle responsabilité envers l'Eglise de Cracovie qui m'était confiée, me permirent de comprendre plus en profondeur la place de l'évêque dans l'Eglise.

## L'évêque dans son Eglise locale

Quelle est la place que la bonté de Dieu assigne à l'évêque dans l'Eglise ? Depuis les origines, en vertu de son insertion dans la succession apostolique, il a devant les yeux l'Eglise universelle. Il est envoyé *au monde entier* et, justement pour cette raison, il devient signe de la catholicité de l'Eglise. J'ai perçu cette dimension universelle de l'Eglise dès ma prime enfance, c'est-à-dire à partir du moment où j'ai appris à réciter les paroles de la profession de foi : « *Je crois en l'Eglise, une, sainte, catholique et apostolique.* » C'est précisément cette communauté universelle qui recueille en elle les témoignages de beaucoup de lieux, de temps, de personnes choisies par Dieu et réunies « depuis Adam, depuis Abel le Juste jusqu'au dernier élu » (*Lumen gentium*, n. 2). Ces témoignages et ces relations se font sentir de manière éloquente dans la liturgie de l'ordination épiscopale, jusqu'à rappeler l'intégralité de l'histoire du salut, avec son terme qui est l'unité de tous les hommes en Dieu.

Tout évêque, tandis qu'il porte en lui-même la responsabilité de l'Eglise universelle, se trouve placé au cœur d'une Eglise particulière, à savoir de la communauté que le Christ lui a confiée à lui-même, afin que, par son ministère épiscopal, se réalise de manière toujours plus complète le mystère de l'Eglise du Christ, signe du salut pour tous. Dans la Constitution dogmatique *Lumen gentium*, nous lisons : « Cette Eglise du Christ est vraiment présente dans toutes les légitimes assemblées locales des fidèles qui, étroitement unies à leurs pasteurs, sont appelées, elles aussi, Eglises dans le Nouveau Testament [...]. Dans toute communauté de l'autel, rassemblée sous le ministère sacré de l'Evêque, est manifesté le symbole de la charité et de "l'unité du Corps mystique, en dehors de laquelle il ne peut y avoir de salut" Dans ces communautés, même si souvent elles sont petites et pauvres, ou vivent dans la dispersion, est présent le Christ, par la vertu duquel l'Eglise une, sainte, catholique et apostolique, s'assemble » (n. 26).

Le mystère de la vocation de l'évêque dans l'Eglise consiste précisément dans le fait qu'il se retrouve, en même temps, dans une communauté visible particulière, pour laquelle il est constitué, et dans l'Eglise universelle. Il est nécessaire de bien comprendre ce lien singulier. Ce serait sans doute une simplification et, en définitive, une incompréhension caractérisée du mystère de penser que l'évêque représente l'Eglise universelle dans sa communauté diocésaine – qui fut pour moi Cracovie –, et en même temps qu'il représente cette dernière au niveau de l'Eglise universelle, de la façon dont, par exemple, les ambassadeurs représentent leurs pays respectifs et les organismes internationaux. L'évêque est le signe de la présence du Christ dans le monde Et il s'agit d'une présence qui va à la rencontre des hommes là où ils sont ; il les appelle par leur nom, il les relève, il les réconforte par l'annonce de la Bonne Nouvelle et il les rassemble autour de la même table. C'est pourquoi l'évêque, qui appartient au monde entier et à l'Eglise universelle, vit sa vocation loin des autres membres du collège épiscopal, afin d'être en étroite relation avec les hommes qu'au nom du Christ il rassemble dans son Eglise particulière. En même temps, précisément pour ceux qu'il rassemble, il devient le signe du dépassement de leur solitude, parce qu'il les met en relation avec le Christ et, en lui, avec tous ceux que Dieu a choisis avant la fondation du monde, comme avec ceux qu'Il rassemble aujourd'hui dans le monde entier, de même qu'avec ceux qu'Il rassemblera encore dans son Eglise après eux, jusqu'aux appelés de la dernière heure. Tous sont présents dans l'Eglise locale par le ministère et le signe de l'évêque.

L'évêque exerce son ministère de manière vraiment responsable lorsqu'il sait susciter chez ses fidèles un vif sentiment de communion avec lui-même et, à travers sa personne, avec tous les croyants de l'Eglise répandus dans le monde. J'ai fait personnellement l'expérience de cette union cordiale dans ma ville de Cracovie, avec les prêtres, les ordres religieux et les laïcs. Puisse Dieu les récompenser ! Saint Augustin, demandant aide et compréhension, avait l'habitude de dire aux fidèles : « Beaucoup sont chrétiens sans être évêques ; ils arrivent à Dieu par un chemin peut-être plus facile et ils marchent sans doute avec une allure d'autant plus dégagée qu'ils portent un moindre fardeau. Quant à nous, nous sommes chrétien, et nous devrons donc rendre compte à Dieu de notre propre vie ; mais nous sommes en outre évêque, et nous devrons donc rendre compte à Dieu de notre gestion » (*Sermon* 46, 1, 2 : *Patrologie latine* 38, 271).

Tel est le mystère de la rencontre mystique d'hommes *« de toutes nations, races, peuples et langues »* (*Ap* 7, 9) avec le Christ présent dans l'évêque diocésain, autour duquel se réunit l'Eglise locale, en un moment historique précis. Quelle force dans cette relation ! Par quels liens magnifiques il nous unit et nous soude ensemble ! J'en fis l'expérience durant le concile. De manière particulière, je fis l'expérience de la collégialité : l'épiscopat tout entier avec Pierre ! Cette expérience, je l'ai revécue tout spécialement au cours des Exercices spirituels que je prêchais en 1976 pour la curie romaine, étroitement unie autour du pape Paul VI. Mais sur ce point je reviendrai plus tard.

### La collégialité

Il convient de revenir par la pensée aux origines. Par la volonté de notre Seigneur et Maître, fut instituée la charge apostolique. La communauté *de ceux qu'il voulait* (cf. *Mc* 3, 13) se multipliait autour de Lui. En son sein, se formaient et s'approfondissaient les personnalités de ses divers membres, à commencer par Simon Pierre. Dans ce collège de disciples et d'amis du Christ, est introduit tout nouvel évêque, par l'appel et la consécration. Le collège ! La participation à cette communauté de foi, de témoignage, d'amour et de responsabilité est le don que nous recevons ensemble lors de l'appel et de la consécration. Que ce don est grand !

Pour chacun de nous, évêques, la présence des autres constitue un soutien qui s'exprime par le lien de la prière et du ministère, par le témoignage et le partage des fruits du travail pastoral. De ce point de vue, mes rencontres et mes relations avec les évêques durant les visites *ad limina Apostolorum* m'apportent aujourd'hui un réconfort tout particulier. Je désire ardemment que ce que la grâce de Dieu réalise par le cœur, l'esprit et les mains de chacun d'eux soit connu de tous et aimé de tous. La facilité actuelle des communications rend possibles des rencontres plus fréquentes et plus fructueuses. Cela nous met en mesure, nous tous les évêques de l'Eglise catholique, de rechercher les voies pour renforcer la collégialité épiscopale, notamment à travers une collaboration responsable dans les conférences épiscopales et un échange d'expériences dans la grande famille de l'Eglise répandue dans le monde entier. Si les évêques se rencontrent et s'ils se partagent leurs joies et leurs préoccupations, cela les aide assurément à conserver la « spiritualité de communion » dont j'ai parlé dans la Lettre apostolique *Novo millennio ineunte* (cf. nn. 43-45).

Avant même d'avoir été élu au siège de Pierre, je rencontrais de nombreux évêques dans le monde entier, même si, bien sûr, ce fut plus fréquemment les évêques des pays européens les plus proches. C'étaient des rencontres de soutien mutuel. Certaines d'entre elles, spécialement avec les évêques des pays qui étaient sous la dictature communiste, furent parfois dramatiques. Je pense par exemple aux funérailles du cardinal Stefan

Trochta, dans l'ancienne Tchécoslovaquie, lorsque les autorités communistes faisaient obstacle aux contacts avec l'Eglise locale ou même les rendaient impossibles.

Avant que les cardinaux ne décident que je devais être celui qui occuperait le siège de Pierre, ma dernière rencontre avec les évêques d'un pays voisin eut lieu en Allemagne, où, avec le primat Wyszyński, nous nous rendîmes pour une visite pastorale, en septembre 1978. Ce fut aussi un signe important de réconciliation entre nos nations respectives. Toutes ces rencontres trouvèrent un prolongement extraordinaire et intense dans les rencontres quotidiennes avec les évêques des diverses parties du monde qu'il m'a été donné de réaliser depuis mon élection au siège de Pierre.

Les visites *ad limina Apostolorum* sont une expression particulière de la collégialité. En principe, tous les cinq ans (il y a parfois des retards), les évêques du monde entier viennent à tour de rôle au Vatican et on compte plus de deux mille diocèses. Aujourd'hui, c'est moi qui les reçois. Auparavant, du temps de Paul VI, c'était moi qui étais accueilli par le pape. J'appréciais énormément ces rencontres avec Paul VI. J'ai beaucoup appris de lui, en particulier sur le déroulement de ces rencontres. Cependant, j'ai peu à peu élaboré mon propre schéma : d'abord je reçois chaque évêque personnellement, puis j'invite tout le groupe à partager un repas et, enfin, nous célébrons ensemble la messe, le matin suivant, et nous avons la rencontre collective

Je tire un grand profit de mes rencontres avec les évêques. Je pourrais même dire en toute simplicité que, par eux, « j'apprends l'Eglise ». Je dois le faire constamment, car, par les évêques, j'apprends toujours des choses nouvelles. Par mes entretiens avec eux, j'apprends la situation de l'Eglise dans les différentes parties du monde : en Europe, en Asie, en Amérique, en Afrique, en Océanie.

Le Seigneur m'a donné les forces nécessaires pour pouvoir visiter beaucoup de pays, je dirais même la plupart d'entre eux. Ces voyages revêtent une grande importance, car le séjour personnel dans un pays, même s'il est bref, permet de voir beaucoup de choses. Par ailleurs, grâce à ces rencontres, je peux avoir un contact direct avec les gens, et cela est d'un grand intérêt sur le plan interpersonnel comme sur le plan ecclésial. Il en a été de même pour saint Paul, qui était sans cesse en voyage. C'est précisément pour cela que, lorsqu'on lit ce qu'il a écrit aux diverses communautés, on sent qu'il avait été près d'elles, qu'il avait connu les personnes de ces lieux et leurs problèmes. La même chose vaut pour tous les temps, pour le nôtre aussi.

J'ai toujours aimé voyager. Il est clair pour moi que cette tâche a été donnée au pape, en un sens, par le Christ lui-même. Déjà en tant qu'évêque diocésain, les visites pastorales me plaisaient, et je considérais comme très important de savoir ce qui se passe dans les paroisses, de connaître les personnes et de les rencontrer directement. La visite pastorale, qui constitue maintenant une norme canonique, a été en réalité dictée par l'expérience de la vie. Ici, le modèle, c'est saint Paul. Pierre aussi, mais en premier lieu Paul.

## *Les pères conciliaires*

Durant la première session du concile, n'étant encore qu'évêque auxiliaire de l'archidiocèse de Cracovie, j'eus l'occasion de remercier le cardinal Giovanni Battista Montini pour le don généreux et précieux que l'archidiocèse de Milan avait fait à la collégiale Saint-Florian de Cracovie : les trois nouvelles cloches (un don symbolique mais combien éloquent, notamment en raison du nom donné aux cloches : « Vierge Marie », « Ambroise-Charles Borromée » et « Florian »). Le don avait été demandé par l'abbé Tadeusz Kurowski, prévôt de la collégiale Saint-Florian. Le cardinal Montini, qui avait toujours montré sa bienveillance pour les Polonais, manifesta une grande ouverture de cœur pour ce projet et aussi une grande compréhension à mon égard, moi qui n'étais alors qu'un jeune évêque

Les collègues italiens, qui faisaient fonction pour ainsi dire de maîtres de maison du concile et du Vatican en général, m'étonnaient toujours par leur cordialité et par leur sens de l'universel. Durant la première session du concile, je fis une expérience étonnante de l'universalité de l'Eglise grâcc à mes contacts avec les évêques d'Afrique, dont la présence était nombreuse. Ils étaient assis en différents points de la basilique Saint-Pierre, dans laquelle, comme l'on sait, se déroulaient les travaux du concile. Parmi eux, il y avait des théologiens éminents et des pasteurs zélés. Ils avaient beaucoup à dire. Dans ma mémoire, est resté marqué, plus que tous les autres, Mgr Raymond-Marie Tchidimbo, archevêque de Conakry, qui eut beaucoup à souffrir de la part du président communiste de son pays et qui dut finalement partir en exil. J'avais des relations cordiales et fréquentes avec le cardinal Hyacinthe Thiandoum, homme à la personnalité exceptionnelle. Il y avait une autre figure éminente, le cardinal Paul Zoungrana. Tous deux de culture française, ils parlaient correctement cette langue comme si elle était la leur. J'entretenais une étroite amitié avec ces prélats lorsque j'habitais le collège polonais.

Je me sentais très proche du cardinal Gabriel-Marie Garrone. Français, il était de vingt ans mon aîné. Il me traitait de manière cordiale, je dirais même amicale. Il fut créé cardinal en même temps que moi et il fut, après le concile, préfet de la Congrégation pour l'éducation catholique. Il me semble qu'il a aussi participé au conclave. Un autre Français avec lequel j'eus des liens d'amitié fut le théologien jésuite Henri de Lubac, que j'ai créé moi-même cardinal, des années plus tard. Le concile fut une période privilégiée pour faire la connaissance d'évêques et de théologiens, spécialement dans les diverses commissions. Lorsqu'on aborda le schéma 13 (qui devint ensuite la Constitution pastorale sur l'Eglise dans le monde de ce temps *Gaudium et spes*) et que je parlai du personnalisme, le père de Lubac vint me trouver et me dit : « Oui, oui, oui, dans cette direction. » Il m'encourageait ainsi, et c'était une chose particulièrement importante pour moi ; j'étais en effet relativement jeune.

Je me liai encore d'amitié avec les Allemands. Avec le cardinal Alfred Bengsch, d'un an plus jeune que moi. Avec les cardinaux Joseph Höffner de Cologne, Joseph Ratzinger – tous ecclésiastiques d'une exceptionnelle préparation théologique. Je me souviens en particulier du Pr Ratzinger, alors très jeune. Comme expert en théologie, il accompagnait au concile le cardinal Joseph Frings, archevêque de Cologne. Il fut ensuite nommé archevêque de Munich par le pape Paul VI, qui le créa cardinal. Il était présent au conclave qui me confia le ministère pétrinien. Lorsque mourut le cardinal Franjo Šeper, je lui demandai de lui succéder dans la charge de préfet de la Congrégation pour la doctrine de la foi. Je rends grâce à Dieu pour la présence et l'aide du cardinal Ratzinger – c'est un ami de confiance. Malheureusement il ne reste en vie que peu d'évêques et de cardinaux qui prirent part au concile (11 octobre 1962 · 8 décembre 1965).

Ce fut un extraordinaire événement ecclésial, et je remercie Dieu d'y avoir participé du premier au dernier jour.

*Le collège cardinalice*

En un sens, le cœur du collège épiscopal est le collège des cardinaux qui entourent le Successeur de Pierre et le soutiennent dans son témoignage de foi devant toute l'Eglise. J'ai été inscrit dans ce collège en juin 1967.

L'assemblée des cardinaux rend particulièrement visible le principe de collaboration et d'affermissement réciproque dans la foi, sur lequel est édifiée toute l'œuvre missionnaire de l'Eglise. La mission de Pierre est celle qui lui a été assignée par Jésus : « *Toi donc, quand tu seras revenu, affermis tes frères* » (*Lc* 22, 32). Depuis les premiers siècles, les Successeurs de Pierre s'adjoignaient la collaboration du collège des évêques, des prêtres et des diacres, responsables avec eux de la ville de Rome et des diocèses les plus proches (« diocèses suburbicaires »). On commença à les appeler « *viri cardinales* ». Naturellement, au long des siècles, les formes d'une telle coopération se transformèrent. Mais la signification essentielle, qui est un signe pour l'Eglise et pour le monde, demeure inchangée.

Puisque la responsabilité pastorale du Successeur de Pierre s'étend au monde entier, il est de ce fait apparu progressivement opportun que, dans tout le monde chrétien, soient présents des « *viri cardinales* » qui lui soient particulièrement proches en ce qui concerne la responsabilité et la

150

totale disponibilité pour rendre témoignage de la foi jusqu'au don du sang, si cela est nécessaire (c'est pourquoi leurs vêtements sont de couleur pourpre, comme le sang des martyrs). Je rends grâce à Dieu pour un tel soutien et pour le partage de la responsabilité dans le gouvernement de l'Eglise que les cardinaux de la curie romaine et du monde m'offrent généreusement. Plus ils sont disposés à être un soutien pour les autres, plus ils les confirment dans la foi et, par conséquent, plus ils sont aussi capables d'affronter l'énorme responsabilité de l'élection de celui qui assumera la Charge de Pierre, réalisée sous l'action de l'Esprit saint.

## Les synodes

Ma vie en tant qu'évêque commença pratiquement avec l'annonce du concile. Comme l'on sait, l'institution du synode des évêques, créé par le pape Paul VI le 15 septembre 1965, fut un fruit du concile. Au cours des années, de nombreux synodes ont été réalisés. Un grand rôle y est joué par le secrétaire général. Ce fut d'abord le cardinal Władysław Rubin, dont les tourments qu'il connut durant la guerre s'achevèrent à Rome, où il arriva en passant par le Liban. Paul VI lui confia la création du secrétariat général. Ce ne fut pas une tâche facile. J'ai cherché, autant que cela me fut possible, à le soutenir, principalement par de bons conseils. Plus tard, sa tâche fut assumée par le cardinal Jozef Tomko, auquel a succédé le cardinal Jan Pieter Schotte.

Comme je l'ai dit, les synodes ont été nombreux. Hormis ceux qui ont été célébrés sous le pontificat du pape Paul VI, il y a eu les synodes sur la famille, sur le sacrement de la réconciliation et la pénitence, sur le rôle des laïcs dans la vie de l'Eglise, sur la formation sacerdotale, sur la vie consacrée, sur l'épiscopat. Il y eut en plus certains synodes à caractère particulier : le synode pour les Pays-Bas, le synode pour le vingtième anniversaire de la conclusion du concile Vatican II, et l'assemblée spéciale pour le Liban. Il y eut aussi des synodes à caractère continental : les synodes pour l'Afrique, pour l'Amérique, pour l'Asie, pour l'Océanie et les deux synodes pour l'Europe. L'idée était de traverser tous les continents avant le millénaire, de les connaître en en saisissant les problèmes, pour se préparer au grand Jubilé Ce programme a été réalisé. Il faut maintenant penser au nouveau synode, qui aura pour thème le sacrement de l'Eucharistie.

Dans ma vie d'évêque, j'avais déjà eu l'occasion de me confronter à l'expérience synodale : il y avait eu en effet le très important synode de l'archidiocèse de Cracovie, organisé à l'occasion du neuf centième anniversaire de saint Stanislas. Il s'agissait évidemment d'un synode exclusivement diocésain. Il ne se déroulait pas dans la perspective de l'Eglise universelle, mais dans la perspective plus modeste de l'Eglise locale. Cependant, même un synode diocésain a une importance significative pour une communauté de fidèles qui vivent chaque jour les mêmes problèmes liés à la pratique de la foi dans des situations sociales et politiques bien déterminées. La tâche du synode de Cracovie consistait à introduire dans la vie de la communauté locale ce qu'avait dit le concile. J'avais programmé ce synode pour les années 1972-1979, car saint Stanislas – comme je l'ai dit – fut évêque de 1072 à 1079. Je voulais faire revivre ces dates neuf cents ans plus tard. L'expérience la plus importante fut le travail de groupes synodaux très nombreux et très engagés. Ce fut un synode authentiquement pastoral : tous, évêques, prêtres et laïcs, travaillèrent ensemble. J'ai conclu ce synode en tant que pape, pendant mon premier voyage en Pologne.

*Les Exercices spirituels pour la curie romaine, pendant le pontificat de Paul VI*

Je n'oublierai jamais ces Exercices spirituels véritablement particuliers. De tels exercices se révèlent une pratique qui est un grand don de Dieu pour ceux qui les accomplissent. C'est un temps où on laisse tout le reste pour rencontrer Dieu et pour se mettre à l'écouter, Lui seul. Cela constitue assurément une occasion particulièrement bénéfique pour le « retraitant ». C'est précisément pour cela que l'on ne doit pas faire pression sur lui mais que l'on doit plutôt éveiller en lui le désir intérieur d'une telle expérience. Certes, on peut dire parfois à quelqu'un : « Va chez les Camaldules, ou à Tyniec, pour te retrouver toi-même » ; mais en principe une telle démarche doit être plutôt le fruit d'un désir intérieur. L'Eglise en tant qu'institution recommande tout particulièrement aux prêtres de faire des retraites (cf. *Code de droit canonique*, can. 276, § 2, 4°) ; mais la norme canonique n'est qu'un élément qui s'ajoute au désir qui vient du cœur.

J'ai déjà rappelé que j'ai fait moi-même, à plusieurs reprises, des retraites dans l'abbaye bénédictine de Tyniec. Mais j'ai fréquenté aussi les camaldules à Bielany, le séminaire de Cracovie et Zakopane. Depuis que je suis à Rome, j'effectue les Exercices spirituels avec la curie durant la première semaine de carême. Au cours de ces dernières années, ils ont toujours été guidés par des prédicateurs différents. Certains ont été admirables tant sur la forme que sur le fond, parfois même en raison de leur humour. Ce fut par exemple le cas du père jésuite Tomáš Špidlík, d'origine tchèque. Nous avons beaucoup ri durant ses conférences, et cela est utile aussi. Il savait présenter avec une pointe d'esprit des vérités profondes, et en cela il faisait montre d'un grand talent. Ces Exercices me sont revenus en mémoire quand j'ai remis au père Špidlík la barrette cardinalice durant le dernier consistoire. Les prédicateurs ont été variés et généralement excellents. J'ai moi-même invité Mgr Ablewicz, et ce fut l'unique Polonais, à part moi, à prêcher les Exercices spirituels au Vatican.

J'ai personnellement prêché les Exercices spirituels au Vatican devant Paul VI et ses collaborateurs. Il y avait eu un problème au cours de la préparation. Au début du mois de février 1976, Mgr Władysław Rubin me téléphona que le pape Paul VI me priait de prêcher les Exercices spirituels en mars. Il ne me restait donc qu'à peine vingt jours pour préparer les textes et pour les traduire. Le titre que je donnai à ces méditations fut : *Signe de contradiction*. Il n'avait pas été proposé, mais il se fit jour à la fin, presque comme en synthèse de ce que j'avais l'intention de dire.

En vérité, ce n'était pas un thème, mais dans un sens la parole clé vers laquelle convergeait ce que j'avais exposé dans les différentes conférences. Je me rappelle les jours consacrés à la préparation. Il y avait vingt thèmes à préparer ; je devais les déterminer et les élaborer tout seul. Pour avoir la tranquillité nécessaire, j'allai à Zakopane chez les ursulines grises de Jaszczurówka. Jusqu'à midi, j'écrivais les méditations, dans l'après-midi j'allais skier, et plus tard, dans la soirée, j'écrivais encore.

Cette rencontre avec Paul VI, dans le cadre des Exercices spirituels, fut particulièrement importante pour moi, car elle me rendit conscient de la promptitude qui est nécessaire à l'évêque pour parler de sa foi partout où le Seigneur lui demande de le faire. De cela tout évêque a besoin, y compris le Successeur de Pierre, comme Paul VI eut alors besoin de ma disponibilité.

## La mise en œuvre du concile

Le concile fut un grand événement et, pour moi, une expérience inoubliable. J'en revins très enrichi. Une fois rentré en Pologne, j'écrivis un livre dans lequel je présentai les orientations qui avaient mûri en moi au cours des sessions conciliaires. Au long des pages, j'ai cherché à rassembler pour ainsi dire la substance des enseignements du concile et je donnai pour titre au volume : *Aux sources du renouveau. Etude sur la mise en œuvre du concile Vatican II*. Il fut publié à Cracovie en 1972 par l'Association théologique polonaise (PTT). Le livre se voulait aussi comme une sorte d'*ex-voto* de gratitude pour ce que la grâce divine, à travers l'assemblée conciliaire, avait opéré en moi personnellement en tant qu'évêque. Le concile Vatican II, en effet, parle de manière particulière des devoirs de l'évêque. Le concile Vatican I avait traité de la primauté du pape. Le concile Vatican II s'est arrêté particulièrement sur les évêques. Pour s'en convaincre, il suffit de prendre en main les documents, principalement la Constitution dogmatique *Lumen gentium*.

Le profond enseignement du concile sur l'épiscopat s'appuie sur la référence à la triple fonction (*munus*) du Christ : prophétique, sacerdotale, royale. La constitution *Lumen gentium* traite de cela aux numéros 24-27. Mais d'autres textes conciliaires font aussi référence à ces trois fonctions (*tria munera*). Parmi eux, une attention particulière doit être réservée au décret *Christus Dominus*, qui met précisément en évidence la charge pastorale des évêques.

Quand je revins de Rome en Pologne, éclata la question du célèbre message des évêques polonais aux évêques allemands. Dans leur lettre, les évêques de Pologne déclaraient accorder leur pardon, au nom de leurs compatriotes, pour les torts subis de la part des Allemands au cours de la Seconde Guerre mondiale. En même temps, ils demandaient pardon pour les torts dont avaient pu se rendre coupables les Polonais envers les Allemands. Malheureusement le message en question provoqua de nombreuses polémiques, de nombreuses insinuations, de nombreuses calomnies. Cet acte de réconciliation qui, en réalité, comme cela se révéla par la suite, fut décisif pour la normalisation des rapports entre Polonais et Allemands, déplut fortement aux autorités communistes. La conséquence fut le raidissement à l'égard de l'Eglise. Cela ne constituait pas le meilleur arrière-plan pour les célébrations du millénaire du baptême de la Pologne, qui devaient commencer à Gniezno en avril 1966. A Cracovie, les célébrations eurent lieu lors de la fête de saint Stanislas, le 8 mai Aujourd'hui encore demeure vive en ma mémoire l'image de cette foule de gens qui avançaient en procession du Wawel à Skałka. Les autorités n'osèrent pas troubler cette affluence de gens, massive et disciplinée. Au cours des célébrations du millénaire, les tensions provoquées par le message des évêques s'atténuèrent et disparurent presque, et il fut possible de poursuivre une catéchèse appropriée sur la signification du millénaire pour la vie de la nation.

Habituellement la procession annuelle du *Corpus Domini* était aussi une bonne occasion de prédication. Avant la guerre, la grande procession en l'honneur du Corps et du Sang du Christ partait de la cathédrale du Wawel et allait jusqu'au Rynek Główny, parcourant les rues et les places de la ville. Sous l'occupation, le gouverneur allemand Hans Frank interdit la tenue de la procession. Plus tard, au temps du communisme, les autorités acceptèrent qu'eût lieu une procession plus brève : à partir de la cathédrale du Wawel jusqu'à la cour toute proche du château royal. C'est seulement en 1971 que la procession put de nouveau se rendre au-delà de la colline du Wawel. Je cherchai alors à organiser les thèmes de mes interventions à faire auprès des différents autels, de manière à pouvoir présenter dans le cadre d'une catéchèse sur l'eucharistie les différents aspects du grand thème de la *liberté religieuse*, combien actuel à ce moment-là.

Dans ces différentes formes de piété populaire, je pense que se cache la réponse à une interroga-

158

tion qui parfois se fait jour sur la signification de la tradition dans ses manifestations, même sur le plan local. La réponse est au fond assez simple : l'harmonie des cœurs constitue une grande force. S'enraciner dans ce qui est ancien, dans ce qui est fort, profond et, en même temps, cher au cœur donne une énergie intérieure extraordinaire. Si cet enracinement est aussi relié à une audacieuse force de pensée, il n'y a plus de raison de craindre pour l'avenir de la foi et des relations humaines au sein de la nation. C'est dans le riche *humus* de la tradition que se nourrit en effet la *culture* qui cimente la convivialité entre les citoyens et qui leur permet d'avoir le sentiment d'être une grande famille, donnant appui et force à leurs convictions. Notre grande tâche, tout spécialement aujourd'hui, dans ce que nous appelons le temps de la mondialisation, consiste à développer les saines traditions, favorisant l'audace commune de l'imagination et de la pensée, une vision ouverte sur l'avenir, ainsi qu'un respect plein d'amour pour le passé. C'est un passé qui se prolonge dans le cœur des hommes sous la forme de paroles anciennes, de signes anciens, de souvenirs et de coutumes hérités des générations précédentes.

## Les évêques polonais

Au temps de mon ministère à Cracovie, des liens particuliers d'amitié me liaient aux évêques de Gorzów. Ils étaient trois : Wilhelm Pluta, aujourd'hui Serviteur de Dieu, Jerzy Stroba et Ignacy Jeż. Je les considérais comme de vrais amis. C'est précisément pour cela que j'allais les trouver, indépendamment même des problèmes de service. Avec Mgr Stroba, nous nous connaissions du temps de Cracovie, où il avait été recteur du séminaire de Silésie. Dans ce séminaire, j'avais été moi aussi professeur : j'y enseignais l'éthique, la théologie morale fondamentale et la morale sociale. Du trio que je viens de mentionner, Mgr Ignacy Jeż est encore vivant. Il est doté d'un grand sens de l'humour, qu'il manifeste en sachant aussi plaisanter, par exemple sur son nom Jeż (en polonais ce nom signifie boucle).

En tant qu'évêque résidentiel, j'avais dans mon archidiocèse quelques évêques auxiliaires : Julian Groblicki, Jan Pietraszko, Stanisław Smoleński et Albin Małysiak – j'ai consacré personnellement les deux derniers. J'appréciais Mgr Albin pour son dynamisme. Je me souviens encore de lui lorsqu'il était curé de Nowa Wieś, un des quartiers de Cracovie. J'aimais parfois le qualifier du surnom de « Albin le zélé ». L'évêque Jan Pietraszko était un magnifique prédicateur, un homme qui enthousiasmait son auditoire. Le cardinal Franciszek Macharski, mon successeur à Cracovie, put lancer son procès de béatification en 1994. Ce procès est maintenant dans sa phase romaine. Je me souviens bien aussi des deux autres auxiliaires : pendant des années, nous avons cherché à servir ensemble notre chère Eglise de Cracovie, dans un esprit de communion fraternelle.

Dans la ville voisine de Tarnów, il y avait Mgr Jerzy Ablewicz, dont j'ai déjà fait mention. Je me rendais assez souvent chez lui ; nous étions de fait contemporains – il n'avait qu'une année de plus que moi.

L'évêque de Częstochowa, Mgr Stefan Bareła, me traitait toujours avec une grande cordialité. Dans l'homélie de la messe pour le vingt-cinquième anniversaire de mon ordination sacerdotale, j'ai dit : « L'épiscopat est comme une découverte supplémentaire, et d'un certain point de vue, une nouvelle découverte du sacerdoce. Elle aussi se réalise cependant sur la base du même critère : on doit se tourner avant tout vers le Christ, unique Pasteur et Evêque de nos âmes. Et c'est aussi se tourner vers le Christ, de manière plus profonde, plus ardente, plus exigeante. Cela s'accomplit en se tournant vers les âmes, les âmes immortelles, rachetées par le Sang du Christ. Se tourner vers les âmes n'est peut-être plus aussi immédiat qu'il l'est dans le travail quotidien d'un prêtre en paroisse, comme curé ou comme vicaire. Par contre, il s'agit d'un regard plus large, car devant l'évêque s'ouvre la communauté de l'Eglise entière. Dans notre conscience d'évêques de Vatican II, l'Eglise est le lieu de la rencontre de toute la famille humaine, le lieu de la réconciliation, du rapprochement contre vents et marées, du rapprochement par le dialogue, du rapprochement au prix de la souffrance. Peut-être fut-ce pour nous, évêques polonais de l'époque du concile Vatican II, davantage au prix de la souffrance que du dialogue » (*Kalendarium Życia Karola Wojtyły*, Cracovie 1983, pp. 335-336).

C'est en Silésie que Mgr Herbert Bednorz exerçait son ministère pastoral, et avant lui il y eut Mgr Stanisław Adamski. Mgr Bednorz avait été nommé coadjuteur. Lorsque je fus nommé métropolitain, je me rendis chez tous les évêques de la métropolie, et donc aussi à Katowice, où je me présentais à Mgr Adamski. Il y avait avec lui Mgr Julian Bieniek et Mgr Józef Kurpas. Nous nous entendions bien avec les évêques de Silésie. Je les rencontrais régulièrement le dernier dimanche de mai, au sanctuaire Notre-Dame de Piekary*, où en ce jour précisément convergeait le grand pèlerinage des hommes. Mgr Bednorz m'invitait constamment à faire les homélies. Le dernier dimanche de mai constituait un événement : ce pèlerinage de mineurs représentait un témoignage plutôt singulier dans la République populaire de Pologne. Les participants attendaient les prédications et accompagnaient de leurs applaudissements tous les propos qui marquaient une contestation de certaines lignes discutables dans la politique suivie par le gouvernement en matière religieuse ou morale, par exemple ce qui concernait le repos dominical. A ce sujet, en Silésie, un adage de Mgr Bednorz est resté populaire : « Le dimanche appartient à Dieu et nous appartient. » A la fin des célébrations, Mgr Bednorz avait l'habitude de s'adresser à moi et de me dire : « Alors, nous vous attendons l'année prochaine pour une autre homélie du même genre. » Avec leur pèlerinage grandiose, les habitants de Piekary restent pour moi un témoignage admirable, qui a en soi quelque chose d'extraordinaire.

Une place toute particulière est occupée dans mon cœur par Andrzej Maria Deskur, aujourd'hui président émérite du conseil pontifical pour les communications sociales. Je l'ai appelé à faire partie du collège des cardinaux le 25 mai 1985. Depuis le début de mon pontificat, il m'a très souvent été d'un grand soutien, spécialement à travers ses souffrances, mais aussi par ses conseils avisés.

Alors que j'évoque les évêques, je ne peux pas ne pas citer non plus mon saint patron, Charles Borromée. Quand je pense à cette figure, je suis touché par la coïncidence des événements et des ministères. Il fut évêque de Milan au XVIe siècle, au moment du concile de Trente. Quant à moi, le Seigneur m'a fait la grâce d'être évêque au XXe siècle, et précisément durant le concile Vatican II. À tous deux, nous fut confiée la même mission : la mise en œuvre d'un concile. Je dois dire que, au cours de mes années de pontificat, l'application du concile a été constamment au premier plan de mes pensées. J'ai toujours été émerveillé par cette coïncidence et je suis fasciné par l'imposant engagement pastoral de ce saint : après le concile, saint Charles se consacra aux visites pastorales dans son diocèse qui comptait alors huit cents paroisses. L'archidiocèse de Cracovie était plus petit, je ne suis pas arrivé cependant à achever les visites que j'avais commencées. Le diocèse de Rome, qui m'est maintenant confié, est grand lui aussi : il compte 333 paroisses. Jusqu'ici, j'en ai visité 317 ; il m'en reste donc encore 16 à visiter.

# SIXIÈME PARTIE

# DIEU ET LE COURAGE

*« Me voici, je viens »* (*He* 10, 7)

*Forts dans la foi*

J'ai encore gravées dans ma memoire les paroles prononcées par le cardinal Stefan Wyszyński, le 11 mai 1946, le jour qui précéda sa consécration épiscopale à Jasna Góra : « Etre évêque a en soi quelque chose qui a trait à la croix, car l'Eglise pose la croix sur la poitrine de l'évêque. Sur la croix, il faut mourir à soi-même ; sans cela, il n'est pas de plénitude du sacerdoce. Prendre sur soi la croix n'est pas aisé, même si elle est faite d'or et si elle est sertie de pierres précieuses. » Dix ans après, le 16 mars 1956, le cardinal disait : « L'évêque a le devoir d'agir non seulement par la parole, par le service liturgique, mais aussi par l'offrande de la souffrance. » Le cardinal Wyszyński revint sur ces pensées en une autre occasion : « Pour un évêque, disait-il, le manque de force est le début de la défaite. Peut-il continuer à être apôtre ? Pour un apôtre en effet le témoignage rendu à la vérité est essentiel. Et cela exige toujours la force » (*Zapiski więzienne,*

LEVEZ-VOUS ! ALLONS !

Paris, 1982, p. 251). Les paroles suivantes sont aussi de lui : « La plus grande faiblesse de l'apôtre est la peur. C'est le manque de foi dans la puissance du Maître qui réveille la peur ; cette dernière oppresse le cœur et serre la gorge. L'apôtre cesse alors de professer. Reste-t-il apôtre ? Les disciples, qui abandonnèrent le Maître, augmentèrent le courage des bourreaux. Celui qui se tait face aux ennemis d'une cause enhardit ces derniers. La peur de l'apôtre est le premier allié des ennemis de la cause. "Par la peur contraindre à se taire", telle est la première besogne de la stratégie des impies. La terreur utilisée par toute dictature est calculée sur la peur des apôtres. Le silence ne possède son éloquence apostolique que lorsqu'il ne détourne pas son visage devant celui qui le frappe. C'est ce que fit le Christ en se taisant. Mais par ce signe, il démontra sa propre force. Le Christ ne s'est pas laissé terroriser par les hommes. Sorti dans la foule, il dit avec courage : "C'est moi" » (*ibid.*, p. 94).

On ne peut vraiment pas tourner le dos à la vérité, ni arrêter de l'annoncer, ni la cacher, même s'il s'agit d'une vérité difficile, dont la révélation s'accompagne d'une grande souffrance. « *Vous connaîtrez la vérité et la vérité vous rendra libres* » (*Jn* 8,32) – telle est notre tâche et, en même temps, notre appui ! En cela, il n'y a pas d'espace pour des compromissions ni pour un recours opportuniste à la diplomatie humaine. Il faut rendre témoignage à la vérité, même au prix

168

de persécutions, jusqu'au prix du sang, comme le Christ lui-même l'a fait et comme l'a fait en son temps un de mes saints prédécesseurs à Cracovie, l'évêque Stanislas de Szczepanów.

Nous serons certainement confrontés à des épreuves. Il n'y a là rien d'extraordinaire. Cela fait partie de la vie de la foi. En certaines circonstances, les épreuves sont légères, en d'autres, beaucoup plus difficiles et même dramatiques. Dans les épreuves, nous pouvons nous sentir seuls, mais jamais ne nous abandonne la grâce divine, la grâce d'une foi victorieuse. C'est pourquoi nous pouvons fermement envisager de surmonter de manière victorieuse toutes les épreuves, même les plus difficiles.

Lorsque, en 1987, à Westerplatte* de Gdańsk, je parlai de cela à la jeunesse polonaise, je me référai à ce lieu comme à un symbole éloquent de fidélité dans un moment dramatique. A cet endroit même, en 1939, un groupe de jeunes soldats polonais, combattant contre l'envahisseur allemand qui avait des forces et des moyens guerriers nettement supérieurs, alla au-devant de l'épreuve suprême en offrant un témoignage victorieux de son courage, de sa persévérance et de sa fidélité. Je fis référence à cela, en invitant avant tout les jeunes à bien réfléchir sur le rapport « entre *être plus* et *avoir plus* », et je les mis en garde : « Jamais ne doit l'emporter seulement l'*avoir plus*. Car l'homme peut alors perdre la chose la plus précieuse : son humanité, sa

169

conscience, sa dignité. » Dans cette perspective, je les exhortai : « Vous devez l'exiger de vous-mêmes, même si les autres ne l'exigent pas de vous. » Et je développai : « Chacun de vous aussi, jeunes, trouve dans sa vie une "Westerplatte". Une dimension des devoirs qu'il doit assumer et accomplir. Une cause juste, pour laquelle on ne peut pas ne pas combattre. Un devoir, une obligation, à laquelle on ne peut pas se soustraire ; qu'il n'est pas possible de déserter. En définitive, un certain ordre de vérités et de valeurs qu'il faut "maintenir" et "défendre" : en soi et autour de soi. Oui : le défendre pour soi et pour les autres » (12 juillet 1987).

Les hommes ont toujours eu besoin de modèles à imiter. Ils en ont surtout besoin aujourd'hui, en notre temps si exposé à des incitations changeantes et contradictoires.

## Les saints de Cracovie

Parlant de modèles à imiter, il n'est pas possible d'oublier les saints. Quel grand don sont pour chaque diocèse ses saints et ses bienheureux ! Je pense que, pour tout évêque, il est particulièrement émouvant de proposer comme modèles des hommes et des femmes concrets, des personnes qui se sont distinguées par l'héroïcité de leurs vertus, nourries par la foi. L'émotion s'accroît lorsqu'il s'agit de personnes qui ont vécu en des temps proches des nôtres. J'ai eu la joie d'engager des procès de canonisation de grands chrétiens liés à l'archidiocèse de Cracovie. Par la suite, en tant qu'évêque de Rome, j'ai pu déclarer l'héroïcité de leurs vertus et, lorsque les procès étaient achevés, les inscrire au nombre des bienheureux et des saints.

Quand, au cours de la guerre, je travaillais comme ouvrier dans l'usine Solvay, qui se trouvait près de Łagiewniki, je me souviens d'avoir été de nombreuses fois sur la tombe de sœur Faustine, qui n'était pas encore bienheureuse. Tout en elle était extraordinaire, parce que imprévisible chez une fille aussi simple qu'elle. Comment aurais-je pu alors imaginer qu'il me serait donné d'abord de la béatifier, et ensuite de la canoniser ? Entrée dans un couvent à Varsovie, elle avait ensuite été transférée à Vilnius et enfin à Cracovie. Ce fut elle qui, quelques années avant la guerre, eut la grande vision de Jésus miséricordieux, qui lui demanda de se faire apôtre de la dévotion à la Divine Miséricorde, destinée à avoir une grande diffusion dans l'Eglise. Sœur Faustine mourut en 1938. Dès lors, à partir de Cracovie, cette dévotion entra dans le grand cercle des événements à dimension mondiale. Devenu archevêque, je confiai à un prêtre, le Pr Ignacy Różycki, l'examen de ses écrits. Tout d'abord, il se récusa. Puis, en dernier ressort, il accepta et étudia à fond les documents disponibles. A la fin, il déclara : « C'est une mystique merveilleuse. »

Frère Albert – Adam Chmielowski – a une place particulière dans ma mémoire et plus encore dans mon cœur. Il eut à combattre durant l'insurrection de janvier, au cours de laquelle un projectile le blessa gravement à la jambe. A partir de ce moment-là, il demeura invalide et il dut porter une prothèse. Il était pour moi une figure admirable. Je lui étais spirituellement très lié. J'écrivis sur lui une pièce dramatique que j'appelai *Frère de notre Dieu*. Sa personnalité me fascinait. Je vis en lui un modèle qui me convenait : il avait délaissé l'art pour devenir serviteur des pauvres – des défigurés comme étaient appelés les clochards. Son histoire m'aida beaucoup à abandonner l'art et le théâtre pour entrer au séminaire.

Chaque jour, je récite les Litanies de la nation polonaise, dans lesquelles est aussi inscrit saint Albert. Parmi les saints de Cracovie, je me rappelle aussi saint Jacek Odrowąż : un grand saint de cette ville. Ses reliques reposent dans l'église des Dominicains. Je me suis rendu bien souvent dans ce sanctuaire. Saint Jacek fut un grand missionnaire : de Gdańsk, il se déplaça vers l'est, jusqu'à Kiev.

Dans l'église des Franciscains, il y a aussi la tombe de la bienheureuse Aniela Salawa, simple domestique. Je l'ai béatifiée à Cracovie le 13 août 1991. Sa vie est la preuve que le travail d'une domestique, accompli dans un esprit de foi et de sacrifice, peut conduire à la sainteté. J'ai souvent visité sa tombe.

Ces saints de Cracovie, je les considère comme mes protecteurs. Je pourrais dresser la liste d'une longue série : saint Stanislas, sainte Hedwige Reine, saint Jean de Kąty, saint Casimir fils du roi, et tant d'autres. Je pense à eux et je les prie pour ma nation.

*Martyres – les martyrs*

> *« Croix du Christ, je te loue,*
> *louée sois-tu pour toujours !*
> *De toi viennent la puissance et la force,*
> *en toi est notre victoire. »*

*(Krzyżu Chrystusa).*

Il ne m'est jamais arrivé de mettre ma croix pectorale épiscopale avec indifférence. C'est un geste que j'accompagne souvent d'une prière. Depuis plus de quarante-cinq ans, la croix est posée sur ma poitrine, à côté de mon cœur. Aimer la croix veut dire aimer le sacrifice. Les martyrs sont les modèles de cet amour, tel fut par exemple Mgr Michał Kozal, sacré évêque le 15 août 1939, deux semaines avant le début de la guerre. Il n'abandonna pas son troupeau durant le conflit, même si on pouvait prévoir le prix qu'il aurait à payer pour cela. Il perdit la vie dans le camp de concentration de Dachau, où il fut un modèle et un soutien pour les prêtres prisonniers comme lui.

En 1999, il m'a été donné de béatifier cent huit martyrs, victimes des nazis, parmi lesquels trois

évêques : Mgr Antoni Julian Nowowiejski, archevêque de Płock, son auxiliaire Mgr Leon Wetmański
et Mgr Władysław Goral de Lublin. Avec eux ont été
élevés à la gloire des autels des prêtres, des religieux
et des religieuses, ainsi que des laïcs. Une telle union
dans la foi, dans l'amour et dans le martyre entre les
pasteurs et le troupeau rassemblé autour de la croix
du Christ est particulièrement significative.

Le franciscain polonais saint Maximilien Kolbe
est un modèle largement connu de sacrifice
d'amour dans le martyre. Il donna sa vie dans le
camp de concentration d'Auschwitz, s'offrant en
échange d'un autre prisonnier qu'il ne connaissait
pas, un père de famille.

Il y a encore d'autres martyrs, plus proches de
nous dans le temps. Je veux évoquer avec émotion
mes rencontres avec le cardinal François-Xavier
Nguyên Van Thuân. Au cours de la mémorable
année jubilaire, il nous prêcha les Exercices spirituels au Vatican. Le remerciant de ses méditations,
je disais : « Lui-même, témoin de la Croix au
cours de ses longues années de prison au Vietnam,
il nous a raconté fréquemment des faits et des épi-
sodes de son temps douloureux en prison, nous
renforçant ainsi dans la certitude consolante que,
lorsque tout s'écroule autour de nous et peut-être
aussi en nous, le Christ demeure notre soutien
indéfectible » (18 mars 2000).

Je pourrais rappeler encore tant d'autres
évêques intrépides qui, par leur exemple, ont
indiqué la route à d'autres... Quel est leur secret

commun ? Je pense que c'est la force dans la foi.
Le primat donné à la foi dans toute la vie et dans
toute l'action, à une foi courageuse et sans peur,
à une foi forgée dans l'épreuve, prête à suivre avec
une généreuse adhésion tout appel de la part de
Dieu : *fortes in fide...*

*Saint Stanislas*

Sur l'arrière-fond de tant de figures lumineuses
de saints polonais, avec les yeux du cœur, je vois
se découper la gigantesque silhouette de l'évêque
et martyr saint Stanislas. Comme je l'ai rappelé,
je lui ai consacré un poème dans lequel j'ai
évoqué de nouveau son martyre, y lisant presque
comme en miroir l'histoire de l'Eglise en Pologne.
Voici quelques passages de ce chant :

1

*Je veux décrire l'Eglise –*
*mon Eglise qui naît en même temps que moi,*
*mais qui ne meurt pas avec moi – et je ne meurs*
  *pas avec elle*
*qui toujours me surpasse –*
*Eglise : profondeur et sommet de mon être.*
*Eglise : racine que je situe dans le passé*
          *et dans l'avenir,*
*Sacrement de ma vie en Dieu,*
          *qui est Père.*

175

*Je veux décrire l'Eglise –*
*mon Eglise liée à ma terre*
*(il lui fut dit « tout ce que tu lieras sur la terre*
  *sera lié dans les cieux ») –*
*et à ma terre s'est liée mon Eglise.*
*Ma terre est dans le bassin de la Vistule,*
             *avec des affluents gonflés*
                 *au printemps, quand les neiges*
                     *fondent dans les Carpates.*
*L'Eglise est liée à ma terre*
             *parce que ce qui y sera lié*
                 *doit rester lié*
             *dans les cieux.*

## 2

*Il y eut un homme en qui ma terre sut qu'elle*
             *était liée aux cieux.*
*Il y eut cet homme, ces hommes... En tout temps,*
  *il y en a...*
*Grâce à eux, la terre se voit elle-même*
  *dans le sacrement*
             *d'une nouvelle existence.*
*Elle est une patrie : parce que là est conçue*
  *la maison du Père,*
             *là elle naît.*

*Je veux décrire mon Eglise*
             *à travers un homme du nom*
                 *de Stanislas,*
*nom qui fut écrit dans les chroniques les plus*
  *anciennes*
             *de l'épée du roi Boleslas.*
*Il traça ce nom sur le dallage de la cathédrale*
             *lorsque jaillirent des flots de sang.*

### 3

*Je veux décrire mon Eglise à travers le nom*
*pour lequel le peuple*
   *reçut un second Baptême,*
*un baptême de sang , pour être ensuite soumis,*
*et non seulement une fois,*
   *au baptême de diverses épreuves —*
*au baptême de désir, dans lequel se perçoit*
*l'invisible souffle de l'Esprit —*
*à travers un Nom planté sur le terreau de la*
*liberté humaine*
   *avant même le nom de Stanislas.*

### 4

*Sur le terreau de la liberté humaine déjà*
*naissaient*
   *le Corps et le Sang,*
*lacérés par l'épée royale au cœur même*
   *de la parole sacerdotale,*
*lacérés à la base du crâne, lacérés dans le tronc*
*vivant...*
*Corps et Sang n'eurent pas alors le temps*
*de naître —*
   *l'épée atteignit le métal du calice*
   *et le pain de blé.*

### 5

*Le roi pensait peut-être : de toi aujourd'hui*
*ne naîtra pas*
   *encore l'Eglise —*
*ne naîtra pas le peuple de la parole qui réprouve*
*le corps et le sang ;*
*naîtra de l'épée, de mon épée qui, par le milieu,*

     *lacérera tes paroles*
*naîtra du sang versé... ainsi peut-être pensait*
   *le roi.*
*Mais le souffle invisible de l'Esprit affermira*
   *ensemble*
*la parole tronquée et l'épée : la colonne*
   *vertébrale tronquée,*
     *les mains pleines de sang...*
*Il dit : ensemble à l'avenir vous marcherez,*
     *rien ne pourra vous séparer !*
*Je veux décrire mon Eglise dans laquelle,*
   *au long des siècles,*
*parole et sang marchent ensemble*
*unis par le souffle invisible de l'Esprit.*

### 6

*Stanislas pensait peut-être : ma parole*
   *te touchera et te convertira,*
*aux portes de la cathédrale tu viendras*
   *en pénitent,*
*tu viendras usé par le jeûne, transpercé*
   *par le faisceau*
     *d'une voix intérieure...*
*Tu t'approcheras de la table du Seigneur, comme*
   *le Fils prodigue.*
*La Parole n'a pas converti, le Sang convertira –*
*à l'évêque peut-être manqua le temps de penser :*
*éloigne de moi ce calice.*

### 7

*Sur le terreau de notre liberté tombe l'épée.*
*Sur le terreau de notre liberté tombe le sang.*
*Qui des deux prévaudra ?*

178

*Le premier siècle touche à sa fin*
*et commence le deuxième.*
*Prenons entre nos mains le* DESSEIN
*d'un temps qui assurément viendra.*

## La Terre sainte

Depuis longtemps, je nourrissais dans mon cœur le désir d'accomplir un pèlerinage sur les pas d'Abraham, compte tenu du fait que j'avais déjà fait nombre d'autres pèlerinages dans toutes les parties du monde. Paul VI s'était déjà rendu en ces Lieux saints lors de son premier voyage. Je désirais réaliser ce voyage au cours de l'année jubilaire. Il aurait dû commencer par Ur en Chaldée, situé sur le territoire de l'actuel Irak, d'où, il y a de nombreux siècles, partit Abraham, répondant à l'appel de Dieu (cf. *Gn* 12, 1-4). Puis j'aurais dû continuer vers l'Egypte, sur les pas de Moïse qui conduisit hors de ce territoire les Hébreux et qui reçut au pied du mont Sinaï les Dix Commandements comme fondement de l'alliance avec Dieu. J'aurais alors accompli mon pèlerinage en Terre sainte, commençant par le lieu de l'Annonciation. Puis je me serais rendu à Bethléem, où naquit Jésus, et en d'autres lieux liés à sa vie et à son action.

Mon voyage ne se réalisa pas précisément comme je l'avais envisagé. Il ne me fut pas possible d'en effectuer la première partie, sur les pas d'Abraham. Ce fut l'unique lieu que je ne pus

179

rejoindre, parce que les autorités irakiennes ne le permirent pas. Je me rendis donc en esprit à Ur en Chaldée, durant une cérémonie organisée à cette intention dans la salle Paul-VI. Je pus en revanche me rendre effectivement en Egypte, au pied du mont Sinaï, où le Seigneur révéla son nom à Moïse. J'y fus reçu par les moines orthodoxes. Ils furent très hospitaliers.

Je me rendis ensuite à Bethléem, puis à Nazareth, et enfin à Jérusalem. J'allai au Jardin des Oliviers, au Cénacle et naturellement au Calvaire, sur le Golgotha. C'était la deuxième fois que je me trouvais dans ces Lieux saints. J'y étais venu une première fois comme archevêque de Cracovie, durant le concile. Le dernier jour de mon pèlerinage jubilaire en Terre sainte, je concélébrai la messe auprès du tombeau du Christ, avec le secrétaire d'Etat, le cardinal Angelo Sodano, et avec d'autres membres de la secrétairerie d'Etat. Que dire de plus ? Ce voyage fut une grande, une très grande expérience. Le moment le plus important de tout le pèlerinage fut sans aucun doute l'arrêt au Calvaire, sur le mont de la Crucifixion, et près du Sépulcre, ce Sépulcre qui fut en même temps le lieu de la résurrection. Mes pensées se changeaient en émotion, comme ce fut le cas lors de mon premier pèlerinage en Terre sainte. J'avais écrit alors :

*O lieu, lieu de Terre sainte – quelle place tu as en moi ! C'est pourquoi je ne peux te fouler de mes pieds, je dois m'agenouiller. Et attester ainsi*

*aujourd'hui que tu as été un lieu de rencontre. Je
m'agenouille – et j'y inscris ainsi mon sceau. Tu
resteras ici avec mon sceau – tu resteras, tu resteras – et je t'emporterai en moi, je te transformerai
en moi en un lieu de nouveau témoignage. Je
repars comme un témoin qui portera témoignage
à travers les siècles.*

(*Pèlerinage aux Lieux saints*
– 3. « Les identités »).

Le lieu de la Rédemption ! C'est peu de dire :
« Je suis heureux d'y être allé. » Il s'agit de
quelque chose de plus : de la marque de la plus
grande souffrance, de la marque de la mort salvifique, de la marque de la Résurrection.

*Abraham et le Christ : « Me voici, mon Dieu,
je viens pour faire ta volonté. »*

Le primat de la foi et le courage qui en jaillit
ont fait en sorte que chacun de nous *« obéisse à
l'appel de Dieu et parte sans savoir où il allait »*
(cf. *He* 11, 8). L'auteur de la lettre aux Hébreux
écrit ces paroles à propos de la vocation d'Abraham, mais elles concernent toute vocation
humaine, même la vocation la plus particulière qui
se réalise dans le ministère épiscopal : l'appel à
être les premiers dans la foi et dans la charité.
Nous avons été élus et appelés à *partir*, et ce n'est
pas nous qui fixons *le but* de ce chemin. C'est à

Celui qui nous a ordonné de partir qu'il revient de le faire : le Dieu fidèle, *le Dieu de l'Alliance*.

Je suis revenu récemment sur la figure d'Abraham par une méditation poétique, dont je cite ici un passage :

*O Abraham – Celui qui entra*
*dans l'histoire de l'homme,*
*désire seulement par toi dévoiler le mystère*
            *caché depuis la fondation du monde,*
*ce mystère plus ancien que le monde !*

*Si aujourd'hui nous marchons vers ces lieux,*
*d'où autrefois Abraham partit,*
*où il entendit la Voix, où s'était accomplie*
    *la promesse,*
*c'est pour que*
*l'on s'arrête sur le seuil –*
*pour parvenir au commencement de l'Alliance. »*

(Tryptique romain : *Au pays du mont Moriyya*).

Dans la méditation sur ma vocation épiscopale que je livre aujourd'hui, je voudrais aussi revenir sur la figure d'Abraham, qui est notre *père dans la foi*, et en particulier sur le mystère de sa rencontre avec le Christ sauveur qui, selon la chair, est *fils d'Abraham* (cf. *Mt* 1, 1), mais qui existe en même temps *avant Abraham parce qu'il est de toujours* (cf. *Jn* 8, 58). A partir de cette rencontre, la lumière se répand sur le mystère de notre vocation dans la foi, et par-dessus tout de notre responsabilité et du courage nécessaire pour y correspondre.

182

On peut dire que le mystère est double. Il y a avant tout le mystère de ce qui, grâce à l'amour de Dieu, a eu lieu dans l'histoire humaine. Et il y a le mystère de l'avenir, c'est-à-dire de l'espérance : c'est le mystère du seuil que chacun de nous, en vertu du même appel, doit franchir, soutenu par la foi, ne reculant devant rien car sachant en qui il a mis sa foi (cf. *2 Tm* 1, 12). Dans ce mystère, est indissociablement uni tout ce qui est arrivé *depuis les origines*, ce qui est arrivé *dès avant la fondation du monde* et ce qui *doit encore arriver*. La foi, la responsabilité et le courage de chacun de nous s'inscrivent ainsi dans le mystère de l'accomplissement du plan divin. La foi, la responsabilité et le courage de chacun de nous se montrent nécessaires, parce que le don du Christ au monde peut se manifester dans toute sa richesse. Non seulement une foi qui garde dans sa mémoire le trésor intact des mystères de Dieu, mais une foi qui a le courage de rouvrir et de manifester de manière toujours nouvelle ce trésor devant les hommes, auxquels le Christ envoie ses disciples. Il s'agit d'une responsabilité qui ne se limite pas seulement à défendre et à sauvegarder ce qui lui a été confié, mais qui a le courage d'engager ses talents pour le multiplier (cf. *Mt* 25, 14-30).

En partant d'Abraham, la foi de chacun de ses fils comporte le dépassement constant de ce qui lui est cher, de ce qui lui est propre, de ce qui lui est bien connu, pour s'ouvrir à l'inconnu, s'appuyant sur la vérité commune et sur notre avenir commun à tous, en Dieu. Nous sommes tous invités à prendre part à ce processus de dépassement du cercle connu, celui qui nous est le plus proche ; nous sommes invités à nous tourner vers Dieu qui, en Jésus-Christ, s'est dépassé lui-même ; abattant *« le mur qui les séparait, le mur de la haine qui était au milieu d'eux »* (*Ep* 2, 14), pour nous ramener à Lui par la Croix.

Jésus Christ veut nous dire : *fidélité* à l'appel de la part du Père, *cœur ouvert* à l'égard de tout homme rencontré ; *chemin* sur lequel il peut n'y avoir aucun endroit « où reposer sa tête » (*Mt* 8, 20) et enfin *Croix*, par laquelle on parvient à la victoire de la résurrection. C'est le Christ, celui qui avance intrépide et *ne se laisse pas arrêter* avant d'avoir tout achevé, avant *d'être monté vers son Père et notre Père* (*Jn* 20, 17), celui qui, *« hier et aujourd'hui, est le même, et l'est pour l'éternité »* (*He* 13, 8).

La foi en lui est donc le fait que l'homme s'ouvre sans cesse à l'incessante irruption de Dieu dans le monde des hommes ; c'est la marche de l'homme vers Dieu, un Dieu qui, pour sa part, conduit les hommes les uns vers les autres. On en arrive alors à ce que tout ce qui est propre à chacun devient propriété de tous, et que tout ce qui est à autrui devient en même temps mien. C'est précisément le contenu des paroles que le père adresse au frère aîné du fils prodigue : *« Tout ce qui est à moi est à toi »* (*Lc* 15, 31). Il est significatif que ces paroles se retrouvent dans la prière sacerdotale de Jésus comme paroles que le Fils adresse à son Père : *« Tout ce qui est à moi est à toi, comme tout ce qui est à toi est à moi »* (*Jn* 17, 10).

Tandis que s'approche ce qu'il reconnaît comme *« son heure »* (cf. *Jn* 7, 30 ; 8, 20 ; 13, 1), le Christ lui-même parle d'Abraham d'une façon qui provoque surprise et étonnement chez ceux qui l'entendent : *« Abraham, votre père, a tressailli d'allégresse dans l'espoir de voir mon Jour. Il l'a vu, et il a été dans la joie »* (*Jn* 8, 56). Quelle est donc la source de la joie d'Abraham ? Ne serait-ce pas qu'il entrevoyait l'amour et le courage avec lesquels *son fils* selon la chair, notre Seigneur et Sauveur Jésus, devait aller *jusqu'au bout pour accomplir la volonté du Père* (cf. *He* 10, 7) ? C'est précisément dans les événements de la Passion du Seigneur que nous trouvons la référence la plus émouvante au mystère d'Abraham qui, soutenu par sa foi, laisse sa ville et sa patrie, et part vers l'inconnu, et surtout d'Abraham qui, le cœur étreint par l'angoisse, conduit sur le mont Moriyya son fils tant attendu et tant aimé, pour l'offrir en sacrifice.

Quand arriva *« son heure »*, Jésus dit à ceux qui étaient avec lui au jardin de Gethsémani, Pierre, Jacques et Jean, les disciples particulièrement aimés : *« Levez-vous ! Allons ! »* (*Mc* 14, 42). Il n'était pas le seul à devoir « aller » vers l'accomplissement de la volonté du Père : eux aussi devaient y aller avec Lui.

Cette invitation – « *Levez-vous ! Allons !* » – est tout spécialement adressée à nous, évêques, ses amis par excellence. Même si ces paroles impliquent un temps d'épreuve, un gros effort et une croix douloureuse, nous ne devons pas nous laisser gagner par la peur. Ce sont des paroles qui portent aussi en elles la joie et la paix, qui sont des fruits de la foi. En une autre circonstance, aux trois mêmes disciples, Jésus précisa ainsi l'invitation : « *Relevez-vous et n'ayez pas peur !* » (*Mt* 17, 7). L'amour de Dieu ne nous charge pas de fardeaux que nous ne sommes pas en mesure de porter, il ne nous impose pas des exigences auxquelles il ne nous est pas possible de faire face. Quand il demande, il donne l'aide nécessaire.

Je parle de cela du lieu où l'amour du Christ Sauveur m'a conduit, me demandant de sortir de ma terre pour porter du fruit ailleurs, avec Sa grâce, un fruit appelé à demeurer (cf. *Jn* 15, 16). Faisant écho aux paroles de notre Maître et Seigneur, je redis donc, moi aussi, à chacun de vous, très chers Frères dans l'Episcopat : « *Levez-vous ! Allons !* » Allons en nous fiant au Christ. Lui nous accompagnera sur le chemin, jusqu'au but que Lui seul connaît.

# NOTES

« *Ecce sacerdos magnus, qui in diebus suis placuit Deo (...) Ideo jurejurando fecit illum Dominus crescere in plebem suam.* — Voici le grand prêtre qui, durant sa vie, sut plaire au Seigneur (...) C'est pourquoi le Seigneur s'est engagé par serment à le faire grandir à la tête de son peuple. » Extrait de l'épître de la première messe d'un évêque confesseur dans l'ancienne liturgie. Ce texte s'inspire du livre de l'Ecclésiastique, chapitres 44 et 45. Il est encore chanté aujourd'hui dans les cérémonies pontificales, et l'a été en particulier lors des journées jubilaires du Saint Père. Le pape en fait tout spécialement mémoire dans la *Lettre aux prêtres* qu'il écrit en 1997 peu après la célébration du jubilé de son ordination sacerdotale.

**Bieńzyce** est le quartier de Nowa Huta choisi par Mgr Baziak pour y construire une église. Les croyants s'y rassemblent, y plantent une croix symbolique, et de nombreuses messes y sont célébrées entre 1960 et 1969

**Bieszczady.** Le parc national de Bieszczady se trouve au sud-est de la Pologne, à la frontière avec l'Ukraine et la

Slovaquie. Il abrite une flore et une faune sauvage très riches. C'est un lieu d'excursion apprécié. Les monts de Bieszczady, piémonts de la chaîne des Carpates, s'étendent à la pointe sud-est de la Pologne. Les montagnes aux formes douces, largement boisées, culminent à 1 346 m. La richesse de leur flore et de leur faune leur vaut d'avoir été aménagés en parc national. Le cœur du massif est un véritable paradis pour les ours bruns, les bisons, les lynx et les aigles royaux.

**Boleslas III Krzywousty.** C'est-à-dire Bouche-Torse (1102-1138). Il parvient à réunifier la Pologne mais institue le « séniorat » qui permet de partager le royaume entre ses fils. Cette disposition va en réalité amorcer le démembrement du territoire.

**Casimir le Grand.** Le roi Casimir III le Grand régna de 1333 à 1370. Par ses conquêtes à l'est, il agrandit le territoire polonais. Il mit en place d'importantes structures administratives et judiciaires. On lui doit également la fondation de l'université de Cracovie.

**Częogonstochowa.** La ville de Częogonstochowa est un important centre industriel (en particulier pour la sidérurgie) et un lieu de pèlerinage très fréquenté. Depuis le XIVᵉ siècle, on vient de toute la Pologne rendre hommage à la célèbre image de la Vierge noire.

**Fredro Aleksander** (1793-1876). Le plus grand écrivain polonais dans le domaine de la comédie. Il fut aussi poète. Soldat de l'armée de la principauté de Varsovie à partir de 1808, il participa en 1812 à la campagne de Napoléon Iᵉʳ contre Moscou. Il entra au Parlement en 1861 et fut membre de l'Académie polonaise des sciences. Il a écrit diverses comédies sur la vie de la noblesse, critiquant de manière humoristique ses habitudes sociales. Ses principales œuvres sont *Monsieur Geldhab*, *Mari et Femme*, *Les Vœux de la vierge*, *Vengeance*.

**Lubaczów.** Petite ville au sud-est de la Pologne située à proximité de la frontière avec l'Ukraine. Elle faisait auparavant partie du Diocèse de Lvov. Aujourd'hui, elle est le siège d'un diocèse.

**Lvov.** Ville polonaise (Lwów) fondée en 1256 par les princes de Halicz, elle fut annexée par l'URSS et devint la capitale de la région occidentale de l'Ukraine en 1945. Comptant aujourd'hui près d'un million d'habitants répartis sur plus de 120 km$^2$, Lvov est un important carrefour culturel, commercial et industriel de l'Ukraine.

**Łyna.** Fleuve entre la Pologne et la Russie (Kaliningrad) qui relie différents lacs. Olsztyn se trouve sur la Lyna.

**Mazurie.** Région située au nord-est de la Pologne, appelée souvent la « région des mille lacs ». Elle compte en effet quatre mille lacs dont le plus grand lac polonais, Sniardwy, à la surface de 113,8 km$^2$, et le lac Hancza dont la profondeur atteint 108,5 m. D'importantes forêts couvrent la région et de nombreux parcs paysagers ont été créés afin de préserver la richesse de la nature et de la faune.

**Mickiewicz Adam.** Le plus célèbre des poètes polonais. Il est né en 1798 dans la région de Zaosie, près de Nowogródek, petite ville de Lituanie faisant aujourd'hui partie du Bélarus. Étudiant à l'université de Wilno, pépinière de futurs révolutionnaires, il anime une société secrète dite des « philomates », dans le dessein de propager des idées patriotiques contre l'oppression tsariste. De cette époque datent les premières œuvres : *Dithyrambe à la jeunesse* et *Chant des Philareth* (1820). Condamné à l'exil en Russie, il se lie avec Pouchkine, rédige un grand poème dramatique, *Konrad* (1826), et visite la Crimée dont il rapporte les fameux *Sonnets de Crimée* (1828). Il devient alors le chef spirituel incontesté de l'école romantique polonaise en exaltant le rôle

189

messianique dévolu à la Pologne, notamment dans de très beaux poèmes à sujets militaires et révolutionnaires (*La Redoute d'Ordon* et *La Mort du colonel*). Il se réfugie successivement en Allemagne où il rencontre Goethe, en Italie où il apprend le soulèvement de la Pologne (1830) et à Paris où il s'installe (1832) et écrit son chef-d'œuvre *Monsieur Thadée* (1834). Il est nommé, grâce à l'appui de ses amis, parmi lesquels George Sand et Michelet, chargé de cours de littérature slave au Collège de France (1840). Puis suspendu de ses fonctions, en raison du caractère révolutionnaire de son enseignement, il émigre en Turquie (1848) et meurt à Constantinople en 1855, frappé par le choléra.

**Norwid Cyprian Kamil.** Poète, dramaturge et peintre, Cyprian Kamil Norwid est né près de Varsovie en 1821. Contraint à l'exil pour des raisons politiques, il meurt dans la misère à Paris en 1883. Son œuvre principale, un dialogue en vers sur l'art, *Promethidion*, ne sera reconnue qu'après sa mort.

**Nowa Huta,** littéralement « Nouvelle Sidérurgie », plus habituellement traduit par « Nouvelle Ville », construite en 1950, est considérée comme « la cité communiste idéale ». En 1960 s'engage un bras de fer entre les autorités et les croyants souhaitant y construire une église. Karol Wotjtyła soutiendra cette lutte des paroissiens et viendra lui-même en 1969 poser la première pierre de l'église de Bieńczyce, en présence de cinquante mille personnes.

**Olsztyn.** Centre culturel et touristique, capitale de la Mazurie dans le nord-est de la Pologne.

**Olsztynek.** Petite cité au sud-ouest d'Olsztyn.

**Piekary.** Fondée au XVIIᵉ siècle, la basilique de Piekary est un lieu de dévotion à la Vierge Marie, Mère de la Justice et de l'Amour. Chaque année, le pèlerinage des hommes, en mai, et celui des femmes, en août, rassemblent de nombreux fidèles. Un chemin de croix s'étend sur dix hectares et compte quelque quarante chapelles.

**Przemyśl,** magnifique cité médiévale, se trouve au sud-est de la Pologne, tout près de la frontière ukrainienne.

**Silésie.** La Silésie occupe la partie sud-ouest de la Pologne et fut durant des siècles objet de discorde entre les Polonais et les Allemands. Elle fut définitivement rattachée à la Pologne à la fin de la Seconde Guerre mondiale. La région est riche en mines de charbon. Ses massifs montagneux attirent aujourd'hui les amateurs de nature et d'aventure sportive.

**Słowacki Juliusz.** Né à Krzemieniec en 1809, mort à Paris en 1849. Poète et dramaturge, il fut l'un des grands représentants du romantisme polonais, avec Mickicwicz et Norwid. Exilé à Paris, il y publia *Anhelli* en 1838, poème en prose sur le martyre des Polonais déportés en Sibérie.

**Stanislas (saint).** Né dans une famille aisée, il fut nommé évêque de Cracovie en 1072. Ayant dénoncé la conduite scandaleuse du roi Boleslas II le Hardi, il fut assassiné par lui alors qu'il célébrait la messe. Canonisé en 1253, saint Stanislas est l'un des patrons de la Pologne.

**Tarnów,** dans les Carpates, à environ 80 km de Cracovie, est l'une des plus anciennes cités polonaises.

**Tyniec.** Abbaye bénédictine située à 12 km au sud-ouest de Cracovie, fondée au XI$^e$ siècle et édifiée sur un promontoire. On peut aujourd'hui en visiter l'église, mélange de style gothique et baroque.

**Vistule.** La Vistule est le plus grand fleuve de Pologne, longue de 1092 km et navigable sur 940 km. Elle prend sa source dans les Carpates occidentales (Beskides), et forme un arc de cercle dans la plaine polonaise, en passant par Varsovie, avant de se jeter dans la Baltique. Fleuve de région à climat continental froid, la Vistule est gelée deux ou trois mois par an. Elle est le fleuve emblématique de la Pologne, largement chanté par les poètes.

**Wadowice**, située à 50 km de Cracovie, est la ville natale de Jean-Paul II.

**Wawel.** Située sur la colline de Wawel à Cracovie, la cathédrale de Wawel est l'un des plus beaux monuments de l'architecture gothique d'Europe construite entre 1320 et 1364. Ses chapelles abritent les tombeaux des rois et des saints patrons de la Pologne.

**Westerplatte (presqu'île de)** est située à 7 km au nord de la ville historique de Gdansk. Le 1er septembre 1939, en bombardant la forteresse de Westerplatte défendue par 180 soldats polonais, le cuirassé allemand *Schleswig-Holstein* y a déclenché la Seconde Guerre mondiale.

**Wrocław**, quatrième ville de Pologne par sa population, est située en Basse-Silésie, sur l'Odra, à 270 km de Cracovie et 300 de Varsovie.

**Zakopane.** Située aux pieds des Tatras, dans les Carpates, cette station climatique obtint une grande renommée, au XIXe siècle, grâce à la valeur thérapeutique de ses cures. L'année 1945 est marquée par l'arrivée de l'abbé Stolarczyk, qui développera le tourisme dans cette ville. Karol Wojtyła, alors jeune séminariste, y fit de nombreuses randonnées pédestres et à skis.

# TABLE

*Impression réalisée sur CAMERON par*

BUSSIÈRE CAMEDAN IMPRIMERIES

GROUPE CPI

*à Saint-Amand-Montrond (Cher)*
*pour le compte des Éditions France Loisirs*
*en mai 2004*

N° d'édition : 40577. — N° d'impression : 042117/1.
Dépôt légal : avril 2004.

*Imprimé en France*